BAUMHÄUSER

Eva Herrmann

BAUMHÄUSER
Architektur in den Wäldern

PRESTEL
München · London · New York

INHALT

ICONS

Hotel / Camping

Privates Baumhaus

Freie Nutzung

Kinder

DIY

Aussicht

Vollausstattung

Architektenhaus

EINLEITUNG

Am 15. Juni 1767 beschließt der zwölfjährige Baron Cosimo Piovasco di Rondò, das dekadente Milieu seiner aristokratischen Familie zu verlassen, um fortan auf den Bäumen zu leben. Er erhebt sich von der Familientafel, klettert auf eine Steineiche und wird bis zu seinem Tod die Erde nicht mehr betreten.

Ein Ur-Prinzip des Bauens

Schon beim Lesen dieser kurzen Inhaltsangabe des Romans *Der Baron auf den Bäumen* aus dem Jahr 1957 von Italo Calvino entspinnen sich im Kopf die ersten Geschichten. Man fragt sich weniger, was den jungen Wilden zu diesem konsequenten Schritt trieb, als vielmehr, wie dieser Ort im Baum wohl ausgesehen haben mag und wie er sich im Laufe der Jahre entwickelte. Dabei ist die Geschichte nicht neu, seit jeher ist das schützende Blätterdach der Bäume ein Zufluchtsort für die Menschen.

Bereits im ersten vorchristlichen Jahrhundert bezeichnete Vitruv das Prinzip der einfachen, schützenden Behausung aus Holz und Blattwerk als Grundmotiv des Bauens. Beeinflusst durch den aufkommenden Naturalismus bekam das Thema im 18. Jahrhundert aus Sicht der Architekturtheorie einen neuen Stellenwert, galt das Baumhaus doch als Inbegriff des „Naturhauses", das das Bauen auf seine grundlegenden Eigenschaften reduziert. Doch woher kommen das Streben in die Höhe und der Wunsch, im Blätterdach eines Baumes zu bauen? Dazu gibt es verschiedene Stimmen und Interpretationen.

Die einen sagen, dieser Impuls sei angeboren, denn schon unsere Vorfahren suchten in der Höhe der Baumkronen Schutz vor Feinden und Naturereignissen wie Überschwemmungen. Diese Praxis ist auch heute noch bekannt, vor allem bei indigenen Völkern in Südamerika, Afrika und Asien. Zu Berühmtheit hat es der Stamm der Korowai gebracht, die als Waldnomaden auf Papua-Neuguinea leben. Auf einer Höhe von 10 bis 50 Metern Höhe befinden sich deren „Baumhäuser" – eine traditionelle Konstruktion aus Holzstämmen, Ästen und Palmwedeln, die lediglich von Naturfasern zusammengehalten werden. In drei Räumen wird geschlafen und gekocht, und es gibt sogar zwei Freibereiche außerhalb der schützenden Hülle. Wer dort lebt, muss allerdings schwindelfrei und ein geübter Kletterer sein, denn der Zugang erfolgt lediglich über einen mit Kerben für die Fußspitzen versehenen Stamm. Aufgrund des tropischen Klimas müssen die Baumhäuser auch regelmäßig neu gebaut werden.

Zwischen Realität und Illusion

Doch neben der traditionellen, funktionalen Nutzung gibt es auch andere Faktoren, die den Aufenthalt in den Baumkronen rechtfertigen. Im Haus in den Bäumen verschwimmen die Grenzen zwischen Realität und Fiktion. Abgehoben vom festen Boden, ist der Ort zugleich im wahrsten Sinne des Wortes verwurzelt, er symbolisiert große Freiheit sowie Geborgenheit. Zudem ist es ein Ort für die Flucht vor lästigen Pflichten des Alltags. Italo Calvino hat sich bei seinem Roman sicherlich von realen Figuren inspirieren lassen. Es ist zum Beispiel überliefert, dass die Medici im 16. Jahrhundert im Garten ihrer Villa di Castello einen Mini-Marmorpalast in einer efeubewachsenen Eiche errichten ließen, um diesen als Speisezimmer zu nutzen. Auch in England und Frankreich waren Häuser in den Bäumen angesagt. Eines der ältesten Baumhäuser in England wurde Mitte des 18. Jahrhunderts in einer Linde bei Shrewsbury gebaut, ungefähr zeitgleich entstand ein Objekt aus gebogenen Ästen in Kent.
Die gleiche Faszination für das Ineinandergreifen von Natur und Kultur findet sich auch in den Bauten des Märchenkönigs Ludwig II. Tief im Ammerwald nahe Schloss Linderhof ließ er im Jahr 1876 in Anlehnung an „Hundings Behausung" aus Richard Wagners Opernzyklus *Der Ring des Nibelungen* seine Hundinghütte bauen. Von außen wirkt das Haus wie eine gewöhnliche Scheune an einem Weiher. Doch innen zeigte sich der Clou – das Haus war um eine mächtige Eiche gebaut, deren Astwerk durch genau berechnete Öffnungen hindurch nach außen weiterwuchs. Ein Brand zerstörte das Gebäude. Doch selbst bei der Rekonstruktion aus den 1990er Jahren, die den Vorgängerbau an einem neuen Standort ersetzt hat, wurde mit großem Aufwand per Kran eine Doppelbuche über den offenen Dachstuhl eingehoben. Hier wird der Gedanke ad absurdum geführt, denn die künstlich erzeugte Natur schafft eine Erlebnisarchitektur, die wiederum als Kulisse die Natur thematisiert.
Einen ebenfalls spannenden Weg verfolgt der Baubotaniker Ferdinand Ludwig, der als Professor für Green Technologies in

Landscape Architecture an der Technischen Universität München erforscht, wie Bäume als zentrale Bauelemente für Häuser genutzt werden können. Das reicht weit über die Dimensionen eines Baumhauses im Hintergarten hinaus. Auf einem Versuchsfeld wird erprobt, welche Baumarten sich in ihrem Stammwachstum verflechten lassen, damit sie stabiler werden und mehr Gewicht tragen können; zudem wird geprüft, unter welchen Bedingungen diese am besten wachsen. Was im ersten Moment nach einer bloßen Utopie aus einem Kinderbuch klingt, hat einen ernsten Hintergrund. Denn es geht auch um die Frage, wie zukünftig gebaut werden kann, ohne dabei auf Bepflanzung zu verzichten, die das Klima positiv beeinflusst und Biodiversität fördert. Damit auch in Zukunft der Traum vom Garten – im besten Fall inklusive eines gut versteckten Baumhauses als Rückzugsort – möglich ist.

Große Träume, viele Möglichkeiten

Es ist ein Trugschluss zu glauben, dass Baumhäuser nur in abgelegenen Gebieten inmitten unberührter Natur zu finden sind. Immer mehr moderne, urbane Baumträume mischen sich unter die klassischen Baumhäuser, die in ihrer Anmutung einem Märchen entsprungen zu sein scheinen. Auch die Zielgruppe wandelt sich, denn immer mehr Erwachsene entdecken die Erfüllung eines Kindheitstraumes für sich. Neben den privat genutzten Hideaways sprießen Baumhaus-Hotels aus dem Blätterwald, die eine Auszeit in einer anderen Welt versprechen. Ob an der Waldgrenze einer kargen alpinen Landschaft oder im tropischen Regenwald Südamerikas: Das Erleben der heimischen Pflanzen- und Tierwelt, verbunden mit einem gestärkten ökologischen Bewusstsein, ist Ausdruck von Zeitgeist und Lebensstil. Die Bandbreite der Objekte ist riesig. Manche sind, dem Do-it-yourself-Trend folgend, von eigener Hand gebaut, andere wurden von einem Architekten entworfen; es gibt Low-budget-Kabinen, die bewusst auf Komfort verzichten, ebenso wie luxuriöse Resorts, in dem die Gäste alles vorfinden, was ihr Herz begehrt; manchmal ist der Stil rustikal, manchmal modern – nichts ist unmöglich. Hinzu kommen künstlerische Interventionen, die den Blick auf gewohnte Sichtweisen wohltuend infrage stellen und in ihrer Stringenz zu neuen Formen anregen.

Im Einklang mit der Natur

Die Gretchenfrage der Baumhausbauer betrifft weniger die eigentliche Form und Ausstattung des Hauses, als vielmehr den Standort und damit die Baumwahl. Eichen, Douglasien, manche Obstbäume, Kiefern und Zedern eignen sich aufgrund ihrer robusten Struktur besser als Träger eines Baumhauses als schnell wachsende Arten wie Pappeln oder Birken. Anders als bei zugeschnittenen Hölzern setzt sich das Wachstum der Bäume fort. Die Konstruktion des Baumhauses muss flexibel auf die Natur reagieren können, um sowohl den „Wirt" des Hauses als auch das Gebäude an sich nicht zu schädigen. Die Natur ist der Impulsgeber; von den Astgabeln eines Baumes und der Belichtungssituation hängen Größe und Gestalt des Baumhauses ab; auch entscheidet dies darüber, wie es sich in die Umgebung einfügt. An der Frage, ob als Baumhäuser nur solche Kabinen gelten, die vollständig im Baum verankert sind, scheiden sich die Geister. Denn wo dies konstruktiv nicht möglich ist, weil der Baum zu klein oder nicht stark genug ist, um das Haus zu tragen, können Stelzen unterstützen oder Abhängungen in Form von Seilen zwischen den Bäumen die Lasten verteilen. Alle Konzepte eint jedoch der Wunsch, in den Dialog mit der Natur zu treten, unabhängig davon, ob sich das Baumhaus in einer unberührten Landschaft befindet oder einen kleinen Rückzugsort im Stadtraum darstellt.
Mit dem Kreislauf der Jahreszeiten und des Lebens kommt im Baumhaus das Gefühl der Freiheit und inneren Ruhe wieder zu seinem Recht. Hier werden das Zwitschern der Vögel, das Rascheln der Eichhörnchen, das Rauschen der Zweige im Wind oder der Blick in den Sternenhimmel zum Teil des Abenteuers. Das macht seit jeher die Faszination des Baumhauses aus.

LOV´NID

Raray, Frankreich

Coucoo / Cabanes des Grands Chênes / Nid Perché

Bloß eine Autostunde von Paris entfernt liegt ein verzauberter Ort, wie aus einer anderen Welt. Denn die Heimat der insgesamt 17 Baumhäuser ist der Park des Château Rosay aus dem 13. Jahrhundert, das als Vorlage und Drehort für den Filmklassiker *Die Schöne und das Biest* diente. Heute werden hier weniger Filme gedreht als Golf gespielt: Die Abschlaglöcher befinden sich inmitten der aus alten Eichen bestehenden Anlage. Und als wäre all das noch nicht skurril genug, krönen Baumhäuser in bis zu 13 Metern Höhe die Szenerie. Als Inspiration für die Architektur, die die Aufgabe hat, sich bestmöglich in die Umgebung einzufügen, dient die lokale Tier- und Pflanzenwelt. Jedes Baumhaus ist ein Unikat und liegt, vom Weg jeweils uneinsehbar, versteckt in den Wipfeln. Über Wendeltreppen gelangt man in die geräumigen Häuser aus robusten, langlebigen Holzarten wie Lärche und Douglasie; sie sind für zwei Personen oder als Familiensuite konzipiert. Wer es morgens etwas ruhiger angehen lassen möchte, kann sich per Seilwinde einen Frühstückskorb nach oben ziehen.
Ein besonderes Baumhaus ist die Nummer 12 mit dem Namen Lov´Nid: Hier erfolgt der Zugang über einen großzügigen Spa-Bereich, der mit 10 Quadratmetern Innenfläche und einer doppelt so großen Außenterrasse mit Whirlpool ungewöhnlich geräumig ist. Das eigentliche Zimmer befindet sich in einer kleinen Holzkugel, in das man über eine Hängebrücke gelangt. 7 Meter über dem Boden hängt die Schlafkugel zwischen den Bäumen und bewegt sich sanft im Rhythmus des Windes. Den Gründern von Cabanes des Grands Chênes war die Anwendung technologischer und ökologischer Innovationen ebenso wichtig wie die Förderung lokaler Handwerkstraditionen und Baumaterialien. Mit selbst erzeugtem Strom und maßvollem Wasserbrauch verfolgt das Resort ein ausgeklügeltes Öko-Tourismus-Konzept, das nach eigenen Regeln funktioniert und sich nur dort, wo es passt, an die klassische Hotellerie hält.

YOKI HOUSE

Spicewood, Texas, USA

Artis Tree / Cypress Valley

Im Herzen von Texas, zwischen sanften Hügeln, wilden Schluchten und natürlichen Wasserläufen, steht das Baumhaus-Resort Cypress Valley. Der Name kommt nicht von ungefähr, denn jedes Frühjahr verwandeln die hier wachsenden Zypressen das Tal in ein Blütenmeer.
Das 88 Hektar große, unbebaute Grundstück war schon viele Jahre im Besitz der Gründerfamilie, aber der Anstoß für das Baumhaus-Hotel erfolgte erst, nachdem sie eine Tour durch die Baumkronen Mittelamerikas gemacht hatte. Der Gedanke, ihrerseits geführte Baumwipfel-Touren durch das Tal anzubieten, lag da gleichfalls nahe. Seit 2012 sind fünf Baumhäuser entstanden. Sie sind verbunden mit langen, hölzernen Hängebrücken, die von der hauseigenen Designfirma Artis Tree entworfen und gebaut wurden. Das neueste Bauwerk des Öko-Resorts ist der Volksgruppe der Hopi, einer Gruppe der Pueblo-Indianer, gewidmet. „Yoki" ist deren Wort für Regen, ein kostbares Gut und Quell des Lebens in diesem Landstrich. Über einem weitläufigen Quellbach, der somit Namensgeber ist, schmiegt sich das Baumhaus auf gut 7 Metern Höhe zwischen zwei alte Sumpfzypressen.

Über eine Hängebrücke betreten die Gäste des Baumhauses eine Aussichtsplattform, von der eine Wendeltreppe zur privaten Veranda und dem eigentlichen Zugang hinabführt. Große Fensterflächen fluten den Raum mit Tageslicht und schaffen zugleich eine Verbindung zwischen Innen- und Außenraum, zwischen Mensch und Natur. Beim Bau wurde Wert auf lokale und nachhaltige Materialien wie Ulme, Zypresse und Fichte gelegt; im Inneren dominiert helles Birkenholz, das auch für die Einbauten verwendet wurde. Neben dem Wohnbereich verfügt das Baumhaus über ein separates Badehaus am Rande der Schlucht, das mit unerwarteten Annehmlichkeiten wie einer Badewanne im Onsen-Stil überrascht. Hier verschmelzen japanischer Minimalismus und die Ornamentik eines türkischen Badehauses zu einem neuen, einzigartigen Stil. Jeder Raum ist von der Liebe zur Natur geprägt. Ob man die heimische Tierwelt beobachtet, in den Sternenhimmel schaut oder sich der kontemplativen Wirkung des Wasserrauschens hingibt – das Yoki House ist der perfekte Ort, um den Alltag auszublenden.

RUHEOASE IM REGENWALD

Mossman, Australien

Silky Oaks Lodge

Auf der anderen Seite der Erdhalbkugel scheint das Paradies zu liegen. Genauer gesagt, in der Silky Oaks Lodge. Mitten im australischen Regenwald wurde sie in den 1980er-Jahren auf einem einst bewirtschafteten und gerodeten Grundstück in direkter Nachbarschaft zum Daintree Nationalpark erbaut. Mit über 135 Millionen Jahren ist dies der älteste tropische Regenwald weltweit; aufgrund seiner ökologischen Evolutionsfähigkeit und Biodiversität ist er heute Teil des UNESCO-Weltnaturerbes. Um den ursprünglichen Landschaftsraum wiederherzustellen, wurde das Gebiet in den letzten 25 Jahren mit heimischen Gewächsen aufgeforstet und regeneriert. Heute ist diese natürliche Wildnis der Mittelpunkt des Nachhaltigkeitskonzepts, dem sich das Resort verschrieben hat. Neben den technischen Systemen der Wasseraufbereitung und Energieerzeugung setzt sich dieser Gedanke auch in der Architektur der Lodge fort. Verschieden gestaltete Baumhäuser auf Stelzen, die aus heimischen Harthölzern bestehen, verstecken sich zwischen den Bäumen und ermöglichen das unmittelbare Erleben der Natur. Die Ausgestaltung der Häuser verbindet modernes Design mit tropischen Einflüssen. Was die privaten Freiräume angeht, bietet die Innenausstattung vielerlei Annehmlichkeiten; bei den Mahlzeiten mitten in der Natur verschmelzen die Gespräche am Tisch mit den Tierlauten der Umgebung. In unterschiedlichen Grüntönen gehalten, verschwinden die Baumhäuser nahezu im üppigen Dickicht des Regenwaldes, ein Effekt, der sich gut in die beruhigende, entspannte Atmosphäre der Umgebung einfügt. Das unmittelbar über dem angrenzenden Mossman River gelegene Baumhaus-Restaurant komplettiert das Naturerlebnis: Wie ein Hochsitz erhebt sich eine kleine offene Plattform, die über einen hölzernen Steg in luftiger Höhe zu erreichen ist. Ein System aus Holzdecks am Boden des Regenwaldes verbindet die öffentlich zugänglichen Bereiche miteinander und verwischt die Grenzen zwischen künstlicher Landschaft und natürlichem Flussraum.

BERGALIV LOFTHUSET

Åsberget bei Orbaden, Schweden

Bergaliv / Hanna Michelson

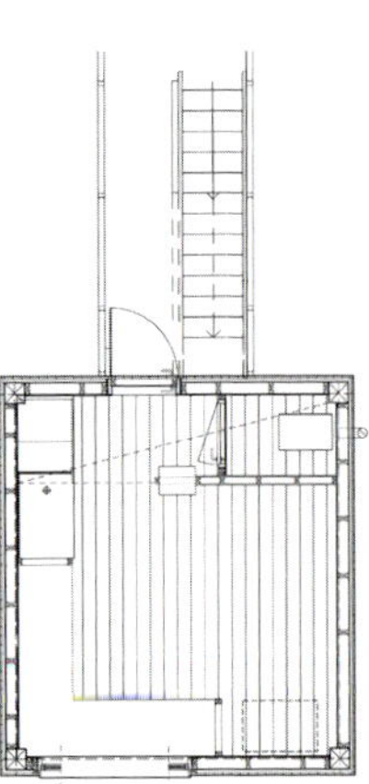

Für das schmale Haus am Baumhang im nordschwedischen Åsberget ließen sich die Architektin und der Bauherr von der Natur der Umgebung inspirieren. Die Aussicht auf einen im Tal gelegenen Flusslauf und die gewachsene Natur in einem ehemaligen Skigebiet bestimmen die Lage und Ausrichtung des Gebäudes. Lediglich 14 Quadratmeter Grundfläche umfasst das 10 Meter hohe Haus, und es steht, um die Natur nicht unnötig zu belasten, auf vier kräftigen Holzstützen. Ein breiter, hölzerner Steg verbindet es mit dem Hang.

Die zwei Ebenen des Lofthuset haben einen sehr unterschiedlichen Charakter. Während der offene, ungeschützte Dachraum einen Ausblick in alle Himmelsrichtungen freigibt, ähnelt der Wohnraum einem schützenden Kokon. Um den überschaubaren Platz optimal zu nutzen, wird auf Futonmatratzen geschlafen, die tagsüber an der Wand aufgehängt werden. Überflüssige Einbauten und besonderen Komfort sucht man vergebens. Alle Handgriffe, sei es, um etwas zu kochen oder zu essen, sind optimiert. Eine Holzbank in der Fensternische fungiert sowohl als Ruheort wie auch als Sitzplatz für den separat aufzustellenden Tisch; Leuchten werden an den Ort des Gebrauchs mitgenommen. Und trotzdem lässt die asketische Ausstattung keine Wünsche offen. Der Rückzug und die maximale Reduktion sind Programm – nichts soll vom Naturerlebnis ablenken. Das funktioniert nicht zuletzt deshalb gut, weil die hoteltypischen Annehmlichkeiten im nahe gelegenen Haupthaus verfügbar sind.

Das feingliedrige Holzfachwerk ist klar ablesbar und ebenfalls Teil der Philosophie der Reduzierung auf das Wesentliche: Es wurden robuste, unbehandelte Kiefern- und Fichtenhölzer für die konstruktiven Elemente verwendet, die Innenräume und die schlichten Einbaumöbel bestehen dagegen aus heller Birke und Esche. Ganz nach schwedischer Bautradition wurden die Wände mit Flachsfasern isoliert, was den ökologischen Anspruch des Bauherrn unterstreicht.

TREE SPARROW HOUSE

Tregaminion, Cornwall, Großbritannien

Jonathan Melville-Smith

Während einst die Küste im Südwesten Cornwalls aufgrund der rauen See als Schiffsgrab gefürchtet war, lockt heute die Schönheit der Natur die Touristen auch ins Landesinnere. In diesem beschaulichen Landstrich Englands dürfte vom „Fluch der Karibik" nicht viel zu spüren sein. Trotzdem stehen hier in einem privaten Garten zwei kleine Kabinen, die nach dem berühmten Captain Jack Sparrow benannt sind – und sie würden der fiktiven Figur wahrhaftig alle Ehre machen. Der Eigentümer wollte schon immer eigenhändig ein Haus bauen, und die erste Plattform in einer Esche baute er für seine Kinder, damals noch als offene Konstruktion. Als das Interesse der Kinder an einem Baumhaus nachgelassen hatte, beschloss er, die hölzerne Ebene mit einem geschützten Raum zu vervollständigen. Etwa 2 Meter vom Boden abgehoben bietet das über eine schmale Holztreppe und eine kleine Veranda zu erreichende Refugium Platz für zwei Personen. Überall zeigt sich die Kreativität seines Schöpfers: Es wurden viele gebrauchte Materialien wiederverwendet, um ein Baumhaus à la Jack Sparrow Realität werden zu lassen. Anstelle einer einfachen geometrischen Form entschied sich der architektonisch bewanderte Bauherr für eine konisch zulaufende Spitze, die genug Platz für eine zweite Ebene, in diesem Fall eine Schlafgalerie, bietet. Neben einer Sitzbank, die sich zu einer zweiten Schlafgelegenheit umfunktionieren lässt, befindet sich eine kleine Kochgelegenheit sowie eine Toilette. Das eigentliche Waschhaus wurde in einer nahe gelegenen ehemaligen Pferdebox untergebracht. Schon während der Bauphase wurden der Stamm und die Äste der Esche in den Bau integriert und dafür genutzt, das Gewicht der Konstruktion zu tragen. Das langgezogene Dach ist mit Zedernholzschindeln verkleidet, die aus einer früheren Arbeit des Bauherrn stammen. Doppelverglaste Fenster, ein kleiner Heizkörper und eine Isolationsschicht im Dach machen das Baumhaus auch in der kälteren Jahreszeit nutzbar. Überall finden sich liebevolle Details, die den märchenhaften Eindruck dieses Ortes verstärken. Im Sommer muss man genau hinsehen, um das kleine Refugium zwischen dem Blattwerk der Esche zu entdecken – es ist auch so leise dort, dass die temporären Bewohner nur vom Vogelgezwitscher geweckt werden.

TONGABEZI TREE HOUSE

Livingstone, Sambia

Tongabezi Safari Lodge

Bei einer Reise ins südliche Afrika steht dieses Naturereignis auf jedem Reiseplan: die Victoriafälle an der Grenze zwischen Sambia und Simbabwe. Über eine Breite von 1.700 Metern ergießt sich der Fluss Sambesi in der Regenzeit in eine 110 Meter tiefe und kaum 50 Meter breite Schlucht aus steilen Felswänden. „Donnernder Rauch" wird das laute Spektakel von den Einheimischen genannt, denn die hierbei entstehende Gischtwolke inklusive Regenbögen ist weithin sichtbar und eine Lebensader für den nahegelegenen Regenwald. Ein paar Kilometer weiter nördlich ist von diesem Naturschauspiel noch nicht viel zu ahnen. Ruhig strömt der Sambesi in einer großen Biegung vorbei an der Tongabezi Safari Lodge, die auf der sambischen Seite des Flusses liegt. 1990 gegründet, verbindet die Lodge mit ihren insgesamt zehn Häusern kunstvoll die Kultur des südlichen Afrikas mit zeitgemäßer Hotellerie. Eine der charmantesten Unterkünfte in der Tongabezi Lodge ist das Tree House. Ein Pfad schlängelt sich vom Haupthaus entlang der Klippen zu diesem abgelegenen Baumhaus. Auf einem Vorsprung aus Basalt wurde das Haus zwischen die mächtigen Äste dreier alter Ebenholzbäume gesetzt. Als Basis dient eine Plattform aus robustem Kiefernholz.
Die Natur ist bewusst ins Rauminnere geholt, sei es durch diverse Äste, die dem Interieur seinen Charakter geben, sei es durch die offene Fassade zum Wasser. Der Raum umfasst lediglich einen Schlafbereich, eine kleine Lounge und ein offenes Badezimmer, dessen Badewanne ebenfalls den Blick auf den Sambesi freigibt. Das Dekor ist eine wilde Mischung aus afrikanischen Stoffen, Möbeln und Kunstwerken, die in Verbindung mit der heimischen Landschaft exotische Tagträume hervorrufen. Der Raum geht nahtlos über in eine große private Terrasse, die über dem Fluss schwebend für das morgendliche Frühstück oder den Sundowner am Abend genutzt werden kann. Diese erhöhte Position zwischen den Bäumen verstärkt die Magie des Moments.

GLAMPING ZWISCHEN ZYPRESSEN

Suncheon-Shi Junnam, Südkorea

Atelier Chang

Die Beliebtheit von Glamping, einer Mischform aus Glamour und Camping, hat in den letzten Jahren zugenommen. Als Alternative zur Hotellerie in der nahe gelegenen südkoreanischen Stadt Suncheon hat das Atelier Chang farbenfrohe Zeltstrukturen entworfen, die einer jüngeren Generation ein luxuriöses Campingerlebnis bieten. Gelegen auf einer mit Zypressen bewachsenen Anhöhe, sind die Glamping-Zelte in Richtung des Suncheon Ecological Bay Park ausgerichtet, eines an der Südküste gelegenen Naturreservats circa 300 Kilometer südlich der Hauptstadt Seoul. Wie eine Ansammlung von Kieselsteinen verteilen sich bislang 16 Einheiten über das abfallende Gelände, so sorgsam gesetzt, dass die nötige Privatsphäre gewahrt bleibt. Den Grad der Naturverbundenheit können die Gäste des Resorts selbst bestimmen. Ein ungestörtes Erleben der Natur tief im Wald ist ebenso möglich wie die Nutzung von Angeboten wie dem resorteigenen Restaurant im zentralen Gemeinschaftshaus.

Jede Einheit ist lediglich auf einem Holzdeck befestigt, welches auf Pfählen ruht, um die Eingriffe in das Gelände so gering wie möglich zu halten. In Zusammenarbeit mit einem Hersteller entwickelte das Designbüro eine neue Technologie, welche die für das Raumkonzept erforderliche Verbindung von leichter Tragstruktur und Komfort ermöglichte.

Der Clou besteht in den doppelt eingesetzten Textillagen über leichten Stahlrahmen, die das Temperaturgefälle von minus 20 Grad Celsius im Winter und 40 Grad im Sommer ausgleichen und zugleich Stabilität geben. Darüber hinaus sind die geschwungenen und angeschrägten Gebilde so konstruiert, dass sie Wind, Schnee und Feuer widerstehen. Auf circa 50 Quadratmetern bieten die Glamping-Hütten Raum für zwei Schlafbereiche sowie eine offene Lounge mit Küche und einem Badezimmer. Tagsüber sind die Edelzelte als deutliche Farbkleckse zu erkennen, während ihre erleuchteten Innenräume nachts wie Glühwürmchen zu tanzen scheinen. Was als temporärer Rückzugsort für moderne Großstadtnomaden in der Natur funktioniert, könnte auch in den dicht besiedelten Regionen Koreas als permanente Wohnlösung zum Einsatz kommen.

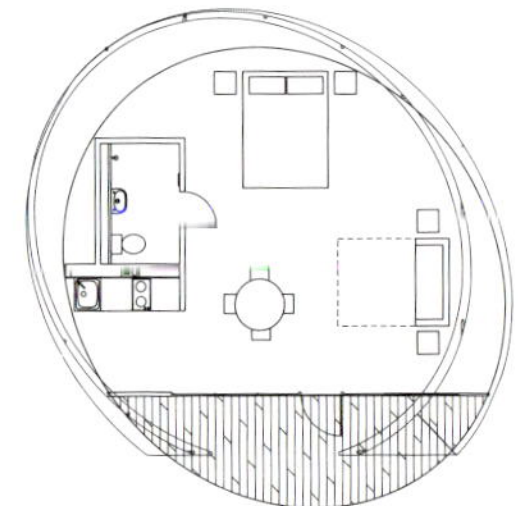

BAUMHAUSWEG IN DEN BERGEN

Schlick 2000, Stubaital, Österreich

Tourismusverband Stubai, Tirol

Ein besonderes Abenteuer für Klein und Groß bietet der Baumhausweg im österreichischen Stubaital inmitten der Alpen. Wenige Kilometer vom Trubel der Stadt Innsbruck entfernt, wurde im Wanderzentrum Schlick 2000 in Fulpmes ein besonderes Erlebniskonzept umgesetzt: Sieben Baumhäuser laden zum Spielen und Entdecken ein. Gelegen in einem 5.000 Quadratmeter großen Waldgebiet, startet der Baumhausweg bei der Mittelstation Froneben auf 1.350 Metern Höhe und überwindet in einer rund einstündigen Wanderung ungefähr 100 Höhenmeter.

Unterschiedlich gestaltete Baumhäuser und Plattformen bespielen den Raum zwischen Waldboden und Baumwipfeln und stellen die Wohnung eines Zwerges namens Bardin dar. Kleine Schnitzereien in den Fassaden und die Miniaturmöblierung der Baumhäuser wecken die Fantasie der kindlichen Entdecker. Neben den zahlreichen Möglichkeiten zum Spielen und Klettern versteckt sich in jedem „Baumhauszimmer" ein Symbol, das mithilfe einer Karte gesammelt werden kann und am Ende des Erlebnisweges eine Überraschung birgt. Die offenen Baumhäuser sind zum Teil über Hängebrücken, Seilrutschen, Tunnel oder ganz konventionell über eine Treppe zu erreichen. Stege bieten einen zweiten, erhöhten Pfad zwischen dem Wanderweg, den Bäumen und den Baumhäusern. Die Holzbauten sind einfach, aber fantasievoll ausgestaltet. Nur für Mutige ist allerdings das „Baumelhaus". Es hat die Form eines Diamanten, wird bloß von festen Seilen gehalten und schwingt wie eine Schaukel in der Luft. Ein weiteres Baumhaus sticht nicht nur durch seine Gestalt, sondern auch durch ein akustisches Erlebnis heraus: Aufwendig geschichtete kurze Holzbohlen schaffen einen Hohlraum um einen Baumstamm, der wie eine überdimensionale Klangschale die geheimnisvollen Geräusche des Waldes weitergibt.

Was so einfach und spielerisch aussieht, konnte nur nach genauer Planung realisiert werden. Die Baumhäuser wurden zum Teil vorgefertigt und entweder als Ganzes oder in Einzelteile zerlegt mit dem Helikopter zum Bauplatz transportiert und mit einem mobilen Kran montiert.

BIRDS EYE VIEW

Komoro, Nagano, Japan

Noma Bar

Ungefähr drei Stunden von der Hektik der Millionenmetropole Tokio entfernt, liegt inmitten eines Waldstücks das Momofuku Ando Center, ein Natur- und Trainingszentrum für Führungskräfte. Im Laufe der Jahre haben japanische Künstler und Designer verschiedene Baumhäuser gebaut – von abstrakten Konstruktionen bis hin zu einem Gebäude im Miniaturmaßstab. Sie dienen den Besuchern des Zentrums als Orte der Kontemplation.
Als erster nichtjapanischer Künstler durfte der israelische Illustrator Noma Bar seine Vision eines Baumhauses als Aussichtsplattform im umliegenden Wald verwirklichen.
Der Entwurf mit dem prägnanten Namen Birds Eye View setzt auf vielschichtige Weise den typischen grafischen Illustrationsstil des Künstlers architektonisch um. Bei einem Herbstspaziergang fand Bar auf dem Waldboden zwei Blätter, die zusammen wie ein Vogel aussahen. Sie wurden zum Sinnbild seines Bauwerks: Der Künstler übersetzte den zweidimensionalen Zufallsfund in einen dreidimensionalen Raum, der von verschiedenen Standpunkten unterschiedliche Deutungen nahelegt. Aus der Ferne und von der Seite gesehen, enthüllt das Baumhaus eine abstrakte Vogelgestalt, deren Farbverlauf von Gelb bis Dunkelgrün reicht und sich camouflageartig an den umgebenden Wald anpasst. Tritt man näher an die Skulptur heran, offenbart die Ansicht ein geädertes Blattwerk, in dessen Mitte steile Stufen in den Innenraum führen. Beim Besteigen mutet der Blick nach oben wie ein buntes Federkleid an. Oben angekommen, weitet sich der überdachte Raum zu einer Aussichtsplattform, von der aus der Berg Asama, ein aktiver Vulkan im Zentrum der japanischen Hauptinsel Honshū, zu sehen ist. Zugunsten der Fernsicht wurde ein Standort auf einer 9 Meter hohen Erhebung gewählt; für den Bau des Birds Eye View Pavillons waren 20 Tischler und Schreiner direkt vor Ort beteiligt. Was noch bemerkenswert ist: Als Stütze für die filigrane Holzkonstruktion dient lediglich ein Baumstamm.

IN LUFTIGER HÖHE IN PERU

Iquitos, Peru

Treehouse Lodge Resort

Schon der Weg zum Treehouse Lodge Resort in Peru ist ein Abenteuer. Da es keine Straßen gibt, die das 350 Hektar große Öko-Resort im peruanischen Amazonasgebiet mit der Außenwelt verbinden, müssen die Besucher der Lodge das letzte Stück ihrer Reise per Boot zurücklegen. Am Zusammenfluss des Yarapa und des Cumaceba angekommen, erwartet sie ein Naturspektakel: die unglaubliche Artenvielfalt des berühmten Nationalreservats Pacaya-Samiria. Sein Bestand reicht von Faultieren bis zu den seltenen rosafarbenen Delfinen. Das Resort bietet geführte Exkursionen sowohl am Boden des Regenwaldes als auch in den Baumkronen an: Letztere verlaufen über die Aussichtsplattformen und Brücken, über die die Baumhäuser miteinander verbunden sind.

Zehn verschiedene Baumhäuser sind in kleinen Gruppen auf dem weitläufigen Gelände angeordnet. Je nach Jahreszeit und Wasserstand erreicht man das Haupthaus der Lodge über den Dschungelboden oder eine Lagune. Es waren 36 große Balken nötig, um den 40 Meter hohen Bau zu errichten. In der unteren Ebene befinden sich das Restaurant und auf einer Galerie ein Loungebereich. Die privaten Kabinen, die auf einer Höhe von 9 bis 22 Metern errichtet sind, müssen über hölzerne Stege, Kabelbrücken oder Treppen erklommen werden, um dann durch eine Bodenklappe in den Wohnraum zu gelangen. Sie sind im Durchschnitt 24 Quadratmeter groß. Neben einem Bett und einer gemütlichen Sitzecke hat auch ein kleines privates Bad Platz. Das Baumhaus ist komplett offen und kann bei Bedarf mit raumhohen Vorhängen beziehungsweise einem Moskitoschutz geschlossen werden. Da die Besucher der Treehouse Lodge in reellen Baumhäusern in luftiger Höhe schlafen, garantieren besondere Sicherheitsvorkehrungen das Wohl der Gäste, aber auch das der Bäume. Die Baumhäuser werden durch Verbindungen mit dem Baum, eine Aufhängung von den Ästen oben und von mehreren Stahlkabeln, die zum Boden führen, unterstützt. Die Baumplattformen und Brücken sind mit Stahlseilen errichtet, deren Seitenwände durch starke Gurtbänder gesichert werden. So können sich die Gäste voll auf die Natur und deren Abenteuer konzentrieren.

GLAMPING IM GLETSCHERPARK

Coram, Montana, USA

Under Canvas Group

Im Nordwesten Montanas, an der Grenze zu Kanada, liegt der Glacier-Nationalpark, der zusammen mit dem Waterton-Lakes-Nationalpark auf der kanadischen Seite als erstes grenzüberschreitendes Naturschutzgebiet Teil des UNESCO-Weltnaturerbes ist. Von den ursprünglichen Gletschern aus der Eiszeit im Gebirgspark der Rocky Mountains ist nicht mehr viel zu sehen, jedoch haben die Eismassen dem scharfkantigen Bergmassiv sein heutiges Aussehen verliehen und unzählige steile Täler und tiefe Firnseen hinterlassen. Von einem Safaritrip in Afrika inspiriert, haben die Gründer der Under Canvas Group die Idee des Glampings = Luxus-Campings in die wilde Natur von Montana übertragen. Zwar ist das Angebot klimabedingt auf die Sommermonate beschränkt, doch seit 2009 können sich die Gäste in Zelten, die speziell für die Bedingungen im rauen Norden geeignet sind, auf ein einzigartiges Freiluftabenteuer einlassen. Anstatt wie üblich auf dem Boden zu stehen, sind die Zelte in den Bäumen befestigt. Ein stabiles Holzdeck dient als Plattform für die Zeltkonstruktion aus Segeltuch. Zur Ausstattung gehören Schlafmöglichkeiten für bis zu vier Personen, ein eigenes Badezimmer und ein Holzofen mit ausreichend Brennholz für kalte Abende. Dass man auch in der Abgeschiedenheit der Natur nicht auf Komfort verzichten muss, zeigt die stylische Einrichtung, die im bewussten Kontrast zur Schroffheit des Bergpanoramas steht. Von einer privaten Terrasse aus kann man die atemberaubende Natur genießen und mit viel Glück aus der Ferne heimische Schwarzbären entdecken.

Der Wunsch, die Natur so wenig wie möglich zu beeinträchtigen, zeigt sich in dem Areal auf vielfache Weise. Die Elektrizität im Camp stammt aus der Sonnenenergie; Müll wird so gut es geht recycelt; der Wasserverbrauch ist so gering wie möglich und es wird darauf geachtet, weitestgehend Materialien ohne Plastik zu verwenden. Auch auf die Anbindung an die moderne Technik wird bewusst verzichtet, was den Gästen bei so viel Naturspektakel nicht auffallen wird.

ORIGIN TREE HOUSE

Raray, Frankreich

Atelier LAVIT / Coucoo / Cabanes des Grands Chênes

Der Ausgangspunkt dieses Baumhauses ist eine 100 Jahre alte Eiche. Um sie herum sollte ein maßgeschneidertes Holzkleid kreiert werden – dafür ließen sich die Architekten von einem Vogelnest inspirieren. Diese Idee galt es mit den Anforderungen an ein funktionales und zugleich komfortables Hotelzimmer für das Baumhaus-Resort Cabanes des Grands Chênes zu vereinbaren. Um den Stamm der natürlich gewachsenen Eiche ordnet sich ein achteckiger Grundriss an, der einen großzügigen Innenraum von 23 Quadratmetern entstehen lässt. Die verschiedenen Bereiche reihen sich um das Zentrum der Konstruktion: Als erstes betritt man den Wohnbereich, von dort geht es in den Schlafbereich, dann ins Bad, hinter dem eine kleine Abstellkammer liegt; Schiebetüren trennen die Räume voneinander. Von jedem geht der Blick durch große Fenster in das Laubdach des umliegenden Eichenwaldes.

Verkleidet ist das Tree House mit Pappelholz, was dem Interieur eine gemütliche und zugleich haptisch erfahrbare Atmosphäre verleiht. Die feine horizontale Lamellenstruktur der maßgefertigten Einbauten setzt sich in der Außenhülle fort. Schmale Holzlamellen aus Douglasie formen den geometrischen Baukörper und versinnbildlichen durch die ineinandergreifenden Spitzen des Achtecks das verschlungene Astwerk eines Vogelnests. Der Zugang ist ähnlich versteckt wie beim Vorbild aus der Natur. Über eine 30 Meter entfernt liegende Plattform, auf der sich ein beheiztes Spa und eine Lounge befinden, führt ein Holzsteg in 10 Metern Höhe zum Baumhaus. Der Mut des Hotelgasts, diesen Aufstieg zu wagen, wird durch das erhebende Gefühl belohnt, unglaublich frei inmitten der Baumkronen zu schweben. Eine unscheinbare Holzleiter neben dem Eingang führt ihn abermals höher auf eine von unten uneinsehbare 360-Grad-Panorama-Dachterrasse. Das mit moderner Produktionstechnik und Montagelogistik geplante Baumhaus fügt sich elegant und zugleich poetisch in die Landschaft der Region Château de Raray ein – als wäre es schon immer Teil des majestätischen Baumbestandes gewesen.

BENSFIELD TREE HOUSE

Wadhurst, Großbritannien

Blue Forest Luxury Tree Houses

Der Südosten Englands ist für seine Seebäder berühmt. Aber als Sehnsuchtsort der Londoner ist der Landstrich zwischen der Küste und der Großstadt ebenso beliebt. Zwischen sanften Hügelketten und urigen Wäldern versteckt sich das Bensfield Tree House auf einer Farm nahe dem verschlafenen Örtchen Wadhurst. Ein Haus mit Geschichte, denn es ist das Ur-Modell des auf Baumhausbau spezialisierten Unternehmens Blue Forest. Nun hat man das Gebäude generalüberholt und an einen zeitgemäßen Standard angepasst.

Das um eine ausgewachsene Eiche gebaute Baumhaus bietet einen weiten Blick in die umliegenden Felder und auf die morgendlichen Nebelschwaden von Sussex. Der Zugang ist nichts für Menschen, die leicht seekrank werden, denn er führt von einem einsamen Steg nur über eine Seilbrücke über den am Baumhaus liegenden See. Das Haus wird von einem eigenen Fundament sowie Stelzen über dem Boden unterstützt, sodass die eigentliche Last nicht vom Stamm des Baumes getragen werden muss. Aber das luftige Konstrukt ist so geplant, dass die Eiche auch weiterhin mittig durch den Wohnbereich wachsen kann. Holzschindeln und vertikale Holzlamellen dienen einem nahtlosen Übergang in die waldige Umgebung.

Das Innere funktioniert als großer, offener Raum, der sich in einen Schlafbereich für zwei Personen, eine Lounge und einen Essbereich mit Kochstelle gliedert. Lediglich das Badezimmer ist zugunsten der Privatsphäre abgetrennt. Das stilvolle Interieur steht im bewussten Kontrast zur Lebendigkeit der Natur. Die mit Holz verkleidete Decke überwölbt die abgerundeten Wandflächen wie ein überdimensionaler Sonnenschirm. Auf einem privaten Sonnendeck an der Rückseite des Hauses kann man morgens das Vogelgezwitscher genießen oder abends den Tag in Ruhe ausklingen lassen, immer im Einklang mit der Umgebung. Eine integrierte Heizung erlaubt eine ganzjährige Nutzung, was es den Gästen gestattet, den temporären Kindertraum noch ein wenig länger zu träumen.

TOMS BAUMHAUS

Elkhorn, Wisconsin, USA

Camp Wandawega

Das Resort am Lake Wandawega in Wisconsin hat eine bewegte Geschichte. Gegründet 1925 zu Zeiten der Prohibition, wurde das zwei Autostunden von Chicago entfernte Areal in den 1950er-Jahren schnell zum idyllischen Zufluchtsort der Städter. Der heutige Miteigentümer David Hernandez verbrachte hier bereits seine Kindheit. Als sich die Gelegenheit bot, das Resort zu übernehmen, war es sein Ziel, den Ort, so wie er war, zu erhalten. Wer hierher zu Besuch kommt, sucht die Ruhe der Natur und das einfache Leben. Denn die unterschiedlich großen Hütten, die ursprünglich für ein Sommercamp errichtet wurden, sind original erhalten und werden als solche mit einfacher Ausstattung vermietet. Das einzige neue Bauwerk ist das dreigeschossige Baumhaus, das um die Überreste einer großen Ulme herum gebaut wurde. Eine Krankheit hatte den stattlichen Baum befallen, sodass alle Äste gekappt werden mussten. Das Traumhaus entstand von den ersten Skizzen bis zum Bau als Gemeinschaftsprojekt vieler Freunde und Helfer.

Während die unterste Ebene als offene Veranda genutzt wird, befinden sich im eigentlichen Baumhaus ein Wohnraum mit Bibliothek sowie zwei Schlafkojen auf den seitlichen Galerieebenen. Der Blick in die spitz zulaufende Dachkonstruktion lässt den fast 5 Meter hohen Raum noch größer wirken, als er ist.

Das Baumhaus scheint aus dem Stamm der Ulme herauszuwachsen. Die verbliebenen Äste wurden in das Bauwerk integriert und durchstoßen sowohl den Boden als auch die Wände des Hauses. Es war offensichtlich, dass der Stamm das Gewicht des Hauses nicht alleine tragen konnte. Daher unterstützen vier ausgemusterte Telefonmasten mit ihrer Bodenverankerung als Fundament das Baumhaus. Nach dem Upcycling-Prinzip wurden auch andere Materialien wiederverwendet. Das Holz der Wände, die Deckenbalken und die Fenster stammen aus verfallenen Scheunen und aufgelösten Häusern in der Umgebung; ihr Einsatz beeinflusst die außergewöhnliche Gestalt des Baumhauses ganz wesentlich. Auch die Inneneinrichtung besteht aus Fundstücken, die in ihrer Gesamtheit den Charme des Hauses ausmachen. Sogar die alte Schaukel von Tom, dem Vater der Besitzerin Tereasa Surratts und damit Namensgeber des Baumhauses, hat auf der Veranda einen neuen Platz gefunden.

VERSTECK IM NUSSBAUM

München, Deutschland

Matthias Marschner

Die Faszination für Baumhäuser begleitet den Architekten seit seiner Kindheit. Mit dem Umzug in ein Reihenhaus, in dessen Garten ein großer alter Nussbaum steht, lebte die Idee eines eigenen Baumhauses für sich und die damals noch kleinen Kinder wieder auf. Nachdem die Eignung des Baumes feststand, konnte mit der konkreten Planung begonnen werden. Der Baum selbst bestimmte die Größe des Baus, daraus ergaben sich die Eckdaten des Entwurfs. Da sich ein Baum ständig verändert, wurden die Befestigungen so gewählt, dass ihre Stabilität regelmäßig überprüft werden kann. In der konkreten Umsetzung entschied man sich für klassische Schaltafeln, die auf der Baustelle für die Schalung von Betonelementen verwendet werden. Diese sind leicht zu verarbeiten und günstig in der Anschaffung. Ein Schreiner, mit dem der Architekt viel zusammenarbeitet, erstellte aus dem Plan einen Baumhaus-Baukasten, der in Eigenregie an einem Wochenende installiert wurde. Vor Ort wurde ein rechteckiges Gehäuse mit schrägem Dach auf einem tragenden Holzrost am Boden zusammengebaut und mithilfe einer Seilsicherung, die sich in der Baumkrone befindet, und einer Seilwinde hochgezogen. 7 Meter über dem Grund wurde das Baumhaus fest verankert.
In der ersten Zeit brauchte man akrobatisches Geschick beziehungsweise Klettererfahrung, um hineinzugelangen, da die Frage des Zugangs noch nicht endgültig gelöst war. So kam es zur Installation einer Plattform in einer Astgabelung auf circa 5 Metern Höhe: Von dort kann man nun über eine fest installierte Holzleiter durch eine Klappe ins Innere des Baumhauses steigen. An der Plattform wurde eine Strickleiter befestigt, die bis zum Boden reicht. Um als reelles Versteck seine Bestimmung zu erfüllen, kann diese wiederum hochgezogen werden, das erschwert den Zugang. Der Innenraum bietet genug Platz, um die heimische Tierwelt im Garten zu beobachten oder sogar in luftiger Höhe zu übernachten. Das Baumhaus, zu Beginn noch gut sichtbar, ist im Lauf der Jahre dicht eingewachsen und nun eins mit der Natur.

PIGNA - VON BAUM ZU BAUM

Malborghetto, Italien

Architetto Claudio Beltrame

Das Konzept für die zwei ungewöhnlichen Baumhäuser entstand 2014 im Rahmen eines Ideenwettbewerbs. Die heimischen Nadelwälder vor Augen, entwarf der italienische Architekt Claudio Beltrame eine Gebäudestruktur, die die Form eines Tannenzapfens aufgreift. Seine Antwort auf die steigende Nachfrage nach naturnahen Tourismusdestinationen schafft nicht nur eine Schutzhülle, sondern ist zugleich ein Symbol der Freiheit und Reflexion, eine Zuflucht und ein Ort zum Träumen.

Die zwei Baumhäuser befinden sich in den Friauler Dolomiten, die Teil des UNESCO-Weltnaturerbes sind, auf 1.200 Metern Höhe; die Berghütte Malga Priu nahe der Grenze zu Österreich und Slowenien liegt in unmittelbarer Nähe.

Als Häuser ohne Fundament bezeichnet der Architekt die zapfenförmigen Baukörper, die etwa 10 Meter über dem Boden aufgehängt sind und von den umliegenden Tannen gestützt und zugleich getarnt werden. Schmale Brücken ermöglichen den Zugang zu den Baumhäusern, die sich über drei Ebenen entwickeln.

Die erste, auf 4 Metern Höhe, hat einen separaten Zugang und dient als Terrasse, die den Blick auf eine imposante Bergkette freigibt. Ein zweiter Steg darüber erschließt das eigentliche Baumhaus. Während auf dieser Zugangsebene ein Sitzbereich, eine Küche und ein Badezimmer angeordnet sind, befindet sich die Schlafebene darüber in der Kuppel des oval zulaufenden Baumhauses – inklusive eines runden Oberlichts an der Spitze. Eine private Loggia auf der Wohnebene bietet einen weiteren geschützten Bereich, um die Natur in Ruhe zu genießen.

Die Konstruktion und der Ausbau bestehen fast ausschließlich aus heimischem Holz und folgen damit den Prinzipien der nachhaltigen Forstwirtschaft. Die Lärchenschindelverkleidung ist in überlappende Formen geschnitten. Sie ahmen die Schuppen von Kiefernzapfen nach und sind klein genug, um der Krümmung der Baumhäuser zu folgen. Nicht nur deren Gestalt ist ungewöhnlich: Das Projekt bildet auch eine Vielzahl wichtiger Themen für das Bauen in der Natur ab von der Kreislaufwirtschaft bis hin zu ökologischer Nachhaltigkeit.

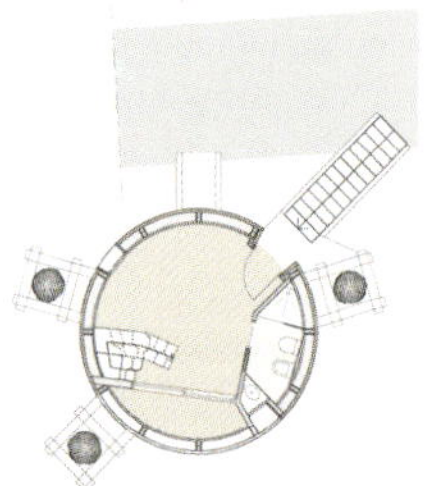

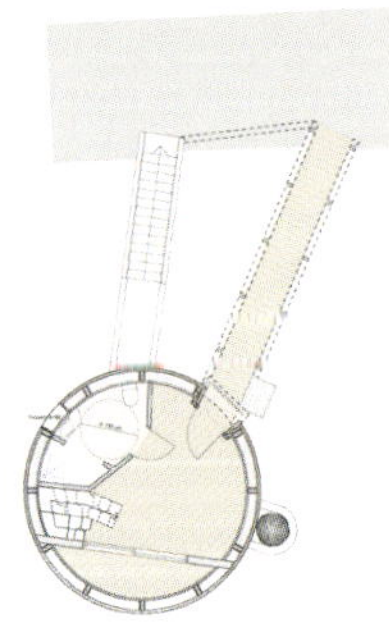

BAUMHAUS ZWISCHEN EICHEN

Halden, Schweiz

baumraum

Mit einem eigenen Baumhaus als behaglichem Hideaway für sich selbst und die Gäste ihrer psychotherapeutischen Praxis erfüllten sich die Bauherrinnen, zwei langjährige Freundinnen, einen alten Traum. Der Ort ist perfekt gewählt: eine Baumgruppe auf dem familieneigenen Grundstück im schweizerischen Halden in der Nähe des Bodensees. In direkter Nachbarschaft zum Wohnhaus vermittelt das Baumhaus somit auf ideale Weise zwischen Ruhe und Alltag.

Im Vorfeld wurden verschiedene Studien zum Grundriss, zur Dachform und zum Material entwickelt und wieder verworfen. Nach reiflicher Überlegung setzte sich die Idee eines fast schwarzen Satteldachhauses durch. Die Analogie der Form zum bestehenden Fachwerkhaus ist spürbar, jedoch entstand durch den Einsatz großer Glasflächen, die Farbigkeit und das Material der Fassade sowie geradlinige Details eine bewusst zeitgenössische Variante. Obwohl der Innenraum nur 22 Quadratmeter groß ist, fehlt es an nichts: Neben dem Wohnraum gibt es eine kleine Pantryküche, dahinter versteckt liegt ein dezentes Bad.

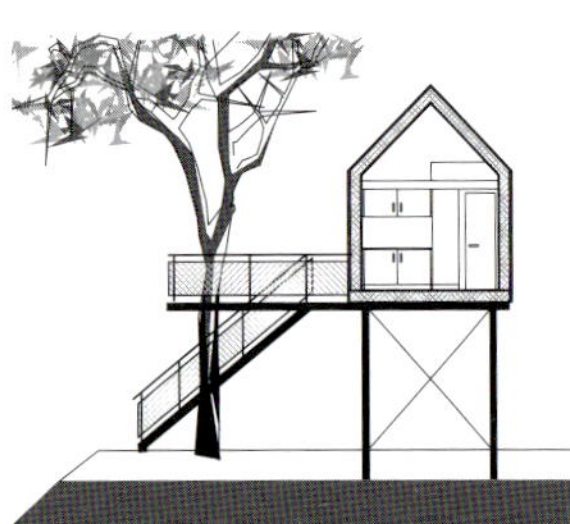

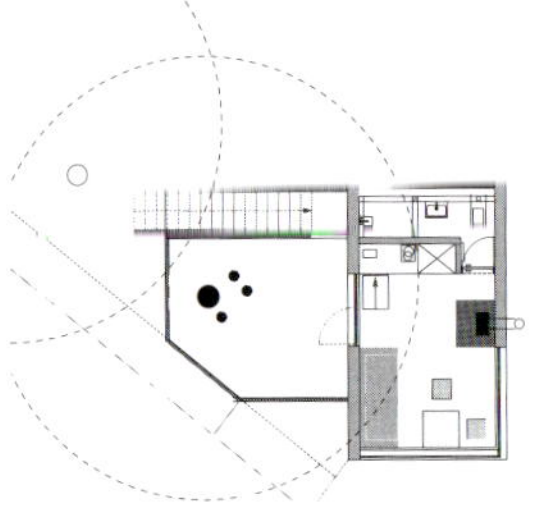

Die große Verglasung des Wohnbereichs bietet ein malerisches Panorama: Der Blick schweift über eine Obstwiese bis zu einem kleinen Flusslauf. Ein weiteres Highlight ist die offene Galerie mit einem gemütlichen Schlafplatz, durch dessen Dachfenster man in die Krone der Eiche und bei klarem Himmel auch hinauf zu den Sternen blickt. Für Wärme und Gemütlichkeit sorgt an kalten Tagen ein kleiner Holzofen. Im Innenraum wurde vom Boden bis zur Decke und für die Einbauten ausschließlich geölte Eiche verwendet; das verleiht dem Raum, der bis zum Giebel hin offen ist, Ruhe und wirkt zugleich elegant. Die Bauteile der Baumhauskabine, ein Stahlrahmen mit vier Holzstützen, wurden vorgefertigt angeliefert und innerhalb weniger Tage installiert. In das mehr als 4 Meter über dem Boden schwebende Gebäude gelangt man über eine seitliche Treppe, die auf der Terrasse endet. Die alte Eiche ist Zentrum des kleinen Ensembles und zugleich Teil der Konstruktion. Eine Abhängung aus Gurtschlaufen und Seilen trägt die weit auskragende Terrasse.

TIMBERTOP HANGOUT

East Sussex, Großbritannien

Blue Forest Luxury Tree Houses

Von einem Spielplatz im Blätterwald, hoch über dem Boden zwischen den Ästen, davon träumen viele Kinder. Ein Baumhaus kann ein Ort sein, der die Fantasie anregt und für Geheimtreffen zur Verfügung steht, und an dem man große und kleine Abenteuer erleben kann. Dieser Traum ging für die Kinder einer Familie auf dem Land in East Sussex in Erfüllung. Wer nun an eine selbst gebaute Hütte denkt, wird schnell eines Besseren belehrt, denn das Baumhaus ist eher ein ganzes Ensemble. Ein bewachsener Waldweg führt zu diesem außergewöhnlichen Refugium, das von den Erbauern den treffenden Namen Timbertop Hangout bekommen hat. „Abhängen" kann man hier zwischen den Ästen einer hochgewachsenen alten Eiche bestens, der geschäftige Alltag rückt in dieser Oase zwischen den Bäumen in weite Ferne. Über eine kurze Treppe oder über eine Hängebrücke erreicht der Besucher die Hauptterrasse, von der aus die verschiedenen Ensembleteile zugänglich sind. Zugleich bietet diese Plattform genug Platz für Tisch und Stühle, um die mitgebrachte Brotzeit zu verspeisen oder ein Sonnenbad zu genießen. Das Haupthaus besteht aus zwei runden Bauten, die kunstvoll zu einem großen Ganzen verschmelzen. Der so entstandene heimelige Innenraum mit Erker kann auf vielfältige Weise genutzt werden: als Spielecke an Regentagen oder als Übernachtungsmöglichkeit für kleine Abenteurer. Wer schnell flüchten will, nimmt die Rutsche, die von der Seite direkt ins Freie führt. Die Bekleidung mit Schindeln aus Zedernholz verstärkt optisch die organische Form. Im Innenraum dagegen sind die Wand- und Bodenbekleidung sowie die Fenster aus Eichenholz. Eine hoch über dem Baumhaus liegende überdachte Pergola, die durch eine an den Baumstamm gelehnte Leiter zu erreichen ist, bietet einen zusätzlichen Rückzugsort einschließlich spektakulärem Panoramablick. Der Clou ist jedoch die Seilrutsche, die mit über 60 Metern Länge eine aufregende Fahrt durch die Bäume verspricht.

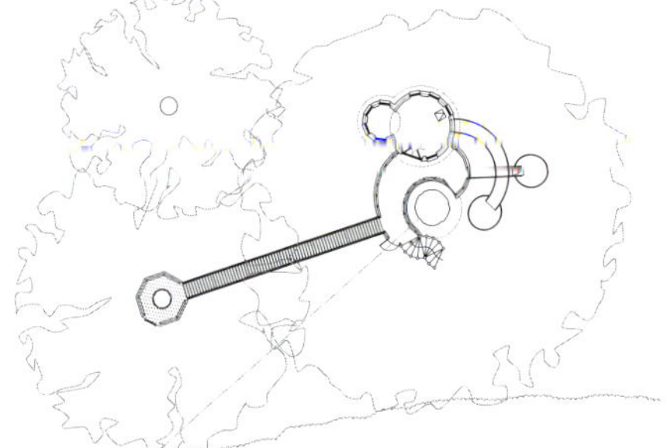

ROBINS NEST

Nahe Witzenhausen, Deutschland

Baumherberge Robins Nest

Das Baumhaushotel Robins Nest macht seinem Namen alle Ehre: Wie Vogelnester sitzen die unterschiedlich großen Baumhäuser in schwindelerregender Höhe in den Bäumen des Berlepscher Waldes. Inspiriert durch die Ruhe des Ortes kam dem Gründer von Robins Nest, Peter H. Becker, die Idee, eine Baumherberge zu eröffnen, die ihren Besuchern ein intensives Naturerlebnis bietet. Das Ziel: Wohlfühlen und Entschleunigen!

Jedes Baumhaus folgt einem Motto, wurde individuell und aus natürlichen Materialien gebaut und verfügt über eine besondere Ausstattung. Wer die Häuser betreten will, muss schwindelfrei sein, denn der Zugang erfolgt über Holztreppen, Hängebrücken und Podeste, teilweise in bis zu 7 Metern Höhe. Drei Baumhäuser sind ausschließlich an den Bäumen befestigt, daneben gibt es noch eine Baumhauskugel, die frei und ohne sichtbare Befestigung zwischen den Bäumen zu schweben scheint. Lediglich ein langer, gezackt ansteigender Steg markiert den Zugang zu diesem außergewöhnlichen Objekt. Das Innenleben der Baumhauskugel ist auf das Nötigste beschränkt: Neben einer schmalen freien Fläche bietet ein Doppelbett Platz für maximal zwei Erwachsene. Doch die Größe ist unerheblich, denn die Aussicht durch die vielen kleinen dreieckigen Fenster, die sich teilweise öffnen lassen und den Blick in die Baumkronen und das umgebende Gehölz freigeben, ist fantastisch. Das Rauschen der Baumwipfel und das Knacken der Äste klingen unerwartet nah, jeder Baum kann von dieser ungewohnten Position aus anders und intensiv wahrgenommen werden. Das Konstruktionsprinzip der Kugel ist mit Absicht zu erkennen und wird durch die Verkleidung aus Holz zu ihrem raumbestimmenden Thema. Die Kugelaufhängung ist über vier Befestigungspunkte mit Baumschlaufen und Stahlseilen in drei Buchen gelöst.

Sie ist so beweglich, dass sie den Wettergewalten flexibel trotzen kann, und zugleich so stabil, dass die Gäste nicht seekrank werden. Fertig wird das Ensemble erst dann sein, wenn die heimischen Kletterpflanzen aus der Kugel ein Stück Land Art gemacht haben.

THE WOODMAN´S TREEHOUSE

West Dorset, Großbritannien

Guy Mallinson / Brownlie Ernst and Marks

In West Dorset erfüllt sich der Kindheitstraum vom Baumhaus auf ganz besondere Weise. Die vom Designer und Tischler Guy Mallinson geschaffene Anlage verbindet auf gekonnte Weise ökologische Gedanken, hochwertige handwerkliche Herstellung und „Glamping", eine schöne Formulierung für den neuen Trend zum Luxus-Camping. Und tatsächlich, The Woodman´s Treehouse, das sich inmitten des Blätterdachs alter Eichen befindet, ist eher eine zweistöckige Suite als ein roh belassenes Baumhaus. Konstruktiv unabhängig von der Eiche, um die es herumgebaut ist, steht das Bauwerk auf einer Plattform, die von zahlreichen Stützen getragen ist, die wie Gehölz anmuten. Hinter dem rechteckigen Äußeren verbirgt sich ein teils abgerundeter Innenraum, dessen Schlafbereich ein Oberlicht hat, durch das man in den Sternenhimmel schauen kann. Dem Prinzip eines Burgfrieds folgend, spielen die Erbauer mit den Konventionen mittelalterlicher Bauweisen. Was nach dicken Wänden aussieht, verbirgt geschickt die notwendigen Bereiche für Küche, Bad und Toilette. Stattdessen wird der Blick sehr subtil auf die wie gerahmt wirkenden Waldansichten gelenkt. Dieses Spiel nimmt auch die Fassade auf, die mit unterschiedlichen Holzsorten und -zuschnitten verkleidet ist: Alternierende diagonale Streifen aus Douglasie und Zedernholz gehen über in drei Gebäudeteile, die mit spaltrohen Kastanienholzscheiten, Eichenlatten und handgespaltenen Eichenschindeln verkleidet sind. Die Abgeschiedenheit des Ortes bietet in den Baumkronen ein weiteres Highlight: Eine mit Lärchenholz umhüllte Sauna thront auf dem Dach und erinnert mit ihren Fensterschlitzen und langgestreckten Wasserspeiern an eine Verteidigungsbastion der kleinen Märchenburg. Dazu passt auch der Zugang über eine Hängebrücke, die zu einer schweren Eichentür mit Bullauge führt, hinter der man den Alltag getrost eine Weile vergessen kann. In seiner Gestaltungsvielfalt greift das Baumhaus auf viele architektonische und kulturelle Bezüge zurück, geschickt kombiniert mit einer Portion Theatralik für das volle Erlebnis.

DOM'UP-BAUMHAUS

Ortsunabhängig

Trees & People

Wie ein Ufo schwebt der Prototyp des Dom'Up-Baumhauses in der herbstlich anmutenden Landschaft. Die belgischen Designer von Trees & People, einem Netzwerk aus Baumexperten, Architekten, Ingenieuren und Biologen, wollten einen Ort schaffen, der der hergebrachten Funktion des Baumes als Schutzraum ebenso gerecht wird wie der Nutzung städtischer Parks durch die Öffentlichkeit. Zwei Bäume im Abstand von mindestens 8 und maximal 14 Metern reichen aus, um das leichte Baumhaus aufzuhängen. Basierend auf einer achteckigen Konstruktion aus verzinkten Stahlrohren, lässt sich die temporär nutzbare Hülle in nur zwei Tagen aufbauen. Die Elemente werden am Boden vormontiert und als Ganzes mittels Seilwinden auf bis zu 3 Meter Höhe hochgezogen. Um eine Beschädigung der Bäume bei mehrmaligem Auf- und Abbau zu verhindern, wurde ein spezielles Befestigungssystem mit Gurtschlaufen entwickelt.

16 Quadratmeter Nutzfläche hat das schwebende Gebilde. Eine durchgängige Bodenfläche aus Holz und ein ausgeklügeltes Spannsystem, das eine hinreichende Raumhöhe gewährleistet, sorgen für die Stabilität der Gebäudeform. Eine zweilagige Zeltplane aus Baumwolle beziehungsweise aus PVC-Segeltuch im Inneren wird durch eine wetterfeste Überdachung aus hochfester, thermoverschweißter Plane ergänzt. So lässt sich das Baumhaus unabhängig vom Wetter nutzen. Die Plane umschließt nur einen Teil der Gesamtfläche, sodass entweder eine separat nutzbare Terrasse entsteht oder der Blick aus dem Raum in die Natur oder in den Sternenhimmel schweift. Der Einstieg erfolgt über eine Holzleiter oder, je nach Beschaffenheit des Geländes, über einen Steg oder eine Hängebrücke. Auch eine Absturzsicherung ist integriert: Ein nach außen gekipptes Netz bietet den notwendigen Schutz, ohne den Ausblick zu beeinträchtigen.

Immer mehr Menschen interessieren sich für die Frage, wie sich die Natur in den öffentlichen oder privaten Lebensraum einbeziehen lässt. Das Angebot von Trees & People bietet eine smarte ökonomische, ökologische und vor allem temporäre Alternative zu Baumhäusern.

SCHWEBENDES BAUMHAUS

Schanghai, China

Mur Mur Lab

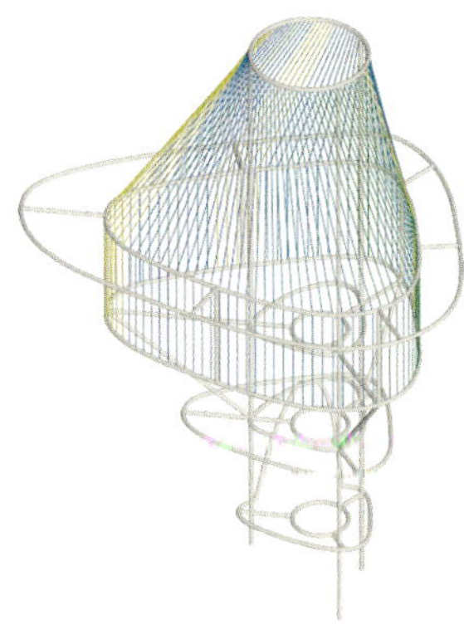

Von Megacities ist man verrückte Ideen gewohnt: minimalistische Gebäude, die auf engstem Raum verschiedene sich überlagernde Nutzungen ermöglichen, oder mobile, auch temporäre Rauminstallationen. Und trotzdem ist das „Floating Tree House", wie die Architekten von Mur Mur Lab ihr kleines Baumhaus in einem Hinterhof von Schanghai liebevoll nennen, etwas ganz Besonderes. Allein ihre Wortwahl ist gewitzt: Das feine Gespinst aus bunten Nylonschnüren und Stahlrohr scheint eher eine flüchtige Installation, ein Kunstobjekt zu sein als ein Baumhaus, das gewissen Belastungen standhält. Doch dieser Eindruck täuscht, denn das Baumhaus wurde explizit zur Nutzung gebaut – für Kinder und für Erwachsene, zum Klettern und als Ruheoase. Wie ein Kleid, das für den Baum entworfen wurde, wirkt die transparente Struktur, was den Besucher nicht davon abhält, auf die Bebauung rund um den Hof zu blicken. Auch bietet die Struktur keinen Schutz vor Regen oder Sonne, doch sie löst durch ihre Abstraktion Faszination aus. Drei horizontale, gebogene Rohre umkreisen den Stamm in verschiedenen Höhen, um den Raum für die Innenfläche bereitzustellen. Weiße, zu einem Netz verwobene Fäden gewährleisten die notwendige Stabilität und schaffen eine flexible Fläche zum Verweilen und Erkunden.

Das Spiel von Licht und Schatten erzeugt einen neuen, fast imaginären Raum, der den Baum wie in einem Märchen zu umarmen scheint. Erst auf den zweiten Blick entwirren sich die Material- und Farbschichten, die in ihrer Abfolge zufällig erscheinen, jedoch im Zusammenspiel ein klares Bild ergeben. Als temporäre Konstruktion ist das Baumhaus auch Schauplatz kleinerer Ausstellungen und interaktiver Installationen. Je nachdem, wo die eigene Position im Baum ist, auf der Liegefläche oder unten, ergeben sich neue Blickwinkel, die zum Entdecken einladen. Schon die Fotografien dieses Baumhauses, das sich durch den Tag- und Nachtrhythmus und die Lichtstimmung ständig verändert, vermitteln dem Betrachter eine ganz eigene Raumerfahrung. Wie muss es sich erst anfühlen, diese fragil wirkende Struktur real zu testen?

WALDHAUS IM GARTEN

Uthai Thani, Thailand

Studio Miti

Wer eins sein will mit der Natur, muss nicht immer weit reisen. Auch der eigene Hinterhof kann zum Paradies werden, wie das Beispiel einer thailändischen Familie zeigt. Sie pflanzte im Garten ihres Hauses Bäume an, die in dem tropischen Klima über die Jahre zu einem kleinen Wald heranwuchsen. Diese Bäume wurden nun zum Thema gemacht: Aus vier Baumhäusern, die über Holzterrassen miteinander verbunden sind, entstand der neue Familiensitz. Dass die Bauten mit lokalen Materialien und Bautechniken errichtet wurden, versteht sich hier von selbst. Im ersten Schritt ermittelten die Architekten von Studio Miti die Größe der Bäume und den Abstand zwischen ihnen, als Maß der Dinge für das künftige Gebäude. Der Mindestabstand von 2,70 Metern war nicht besonders üppig, daher entstand die Idee, um die bestehenden Bäume herum zu bauen und auf diese Weise verschiedene Ausblicke in die Umgebung zu schaffen. Um genügend Wohnraum zu erhalten und zugleich die sensible Balance zwischen Natur und Architektur zu wahren, sind die Räume der einzelnen Baumhäuser in Form eines Kreuzes aufgeteilt. Im Mittelpunkt der jeweils 2,40 Meter schmalen Seitenarme steht ein Foyer, das als Verteiler für Aufenthalts- und Wohnbereich, Schlafebene und Badezimmer dient. Ein ausgeklügeltes System aus geschlossenen und offenen Flächen sorgt für Privatsphäre einerseits und Luftzirkulation auf der anderen Seite. Die Häuser sind in Übereinstimmung mit der Position der Baumstämme und der unterschiedlichen Höhe der Bäume positioniert. Hieraus ergeben sich die Verdrehungen der einzelnen Häuser, die sich zudem in verschiedenen Höhenniveaus – in einer Staffelung von 1,20 Metern – nach oben schrauben. Dieser Kniff lässt das große Volumen der vier Häuser viel kleiner erscheinen und die Häuser sehen aus, als schwebten sie über dem Boden. Wie Hüte sitzen die abgeschrägten Dächer über den Räumen und ergeben im Zusammenspiel mit der Natur ein organisches Bild.

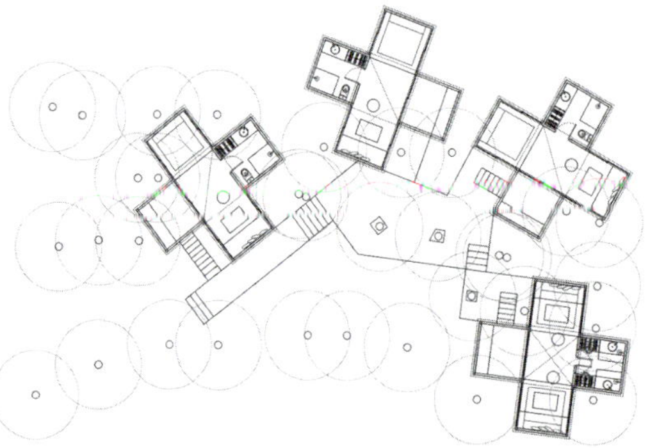

OPEN COCOON

Indrajai-See, Utena, Litauen

1:1 Vienas prie Vieno

Obwohl es in Litauen reichlich Wasser gibt, ist der öffentliche Zugang zu den Seen und Flüssen aufgrund privater Baumaßnahmen beschränkt. Um auf diesen Zustand aufmerksam zu machen, engagiert sich eine Gruppe Kulturschaffender mit verschiedenen experimentellen Interventionen. Ort des Geschehens ist eine kleine unbewohnte Insel im Indrajai-See im Bezirk Utena in Litauen. Das ursprünglich für die Öffentlichkeit nicht zugängliche Eiland war Teil eines Gebäudekomplexes am Seeufer und wurde für die Tierzucht genutzt. Als es zum Verkauf stand, erwarb die Künstlergruppe über eine Crowdfunding-Aktion die knapp 2.000 Quadratmeter große Insel. Hier setzt sie nun ihre künstlerischen Projekte im Maßstab 1:1 um. Für das Vorhaben, einen erhöhten Unterschlupf für zwei Personen zu schaffen, wurde ein Ideenwettbewerb ausgelobt, den das Konzept Open Cocoon für sich entscheiden konnte. Es wurde ein Modell entwickelt, das einzeln, in kleinen Gruppen und unabhängig vom umstehenden Baumbewuchs gebaut werden kann. Analog zum Kokon eines sich verpuppenden Schmetterlings hängt die einfache Struktur, die über eine gürtelähnliche Befestigung fixiert ist, wie an einem seidenen Faden im Baum. In geöffnetem Zustand fungiert das Baumhaus als Aussichtsplattform; sobald die halbtransparente Abdeckung geschlossen ist, entsteht ein einfacher dreieckiger Aufenthaltsraum. Die offene Plattform fördert die Idee der direkten und indirekten Kommunikation zwischen den verschiedenen Baumhäusern. Die Art der Umsetzung gründet auf zwei Prinzipien: Zum einen ging es darum, in puncto Robustheit die stabilste geometrische Form zu wählen, zum anderen wünschten sich die Künstler in gestalterischer Hinsicht einen Kontrast zur organischen Formensprache der Natur. Gebaut wurden die Baumhäuser in einer Gemeinschaftsaktion direkt vor Ort. Nach einer Woche Vorbereitung konnte die am Boden vorinstallierte Holzkonstruktion mit einem Seilzug in den Baum gehoben und mit zwei Stahlringen am Baumstamm befestigt werden. Als Trittstufen dienen einfache Holzkästen, die ebenfalls am Stamm montiert wurden, abhängig von der Höhe des Baumhauses.

KUSUKUSU-TEEHAUS

Shizuoka, Japan

Hiroshi Nakamura & NAP / Takashi Kobayashi & Treehouse Creations

In Japan sind die gesetzlichen Anforderungen an Baumhäuser streng. Angesichts extremer Klimabedingungen und häufig eintretender Naturereignisse wie Erdbeben hat neben der Standsicherheit der Schutz des Baumes und der Natur oberste Priorität. Das für die RISONARE Atami Resorts geplante Teehaus Kusukusu, inspiriert vom japanischen Wort Kusunoki für den Kampferbaum, interpretiert die Anforderungen auf vielschichtige Weise und integriert sie in das Gestaltungskonzept.

Ausgangspunkt des Baumhauses ist ein 300 Jahre alter Kampferbaum, der 22 Meter hoch ist und einen Umfang von 6 Metern hat. Um die unberührte Natur an einem steilen Hang zu erhalten, entschieden sich die Architekten Hiroshi Nakamura und der bekannte Baumhausbauer Takashi Kobayashi dafür, eine Struktur zu schaffen, die den Baum in keiner Weise berührt und zugleich eine Montage ohne schweres Gerät ermöglicht. Mittels Scannern und 3D-Technologie entstand ein Modell, welches dies auf einer Höhe von 10 Metern ermöglichte. Pfeilerartige Fundamente, ausgeklügelt zwischen die Baumwurzeln gesetzt, bilden den Grundstock. Um den Baum nicht zu verletzten, musste ein System aus kleinen Bauteilen von nur 3 Zentimetern Durchmesser entwickelt werden, die von Hand zu einem flächigen System zusammengefügt werden konnten. Diese Struktur ist zugleich das Baugerüst – wie beim Nestbau von Vögeln wurden Komponenten hinzugefügt oder herausgenommen. Das so entstandene Geflecht steht komplett frei. Selbst die vielfach gewundene Treppe, die zum Baumhaus führt, ordnet sich diesem Prinzip unter. Auch im Innenraum findet sich das Motiv des Nests in Form von verputzten Wänden; ein in den Raum integrierter Ast setzt sich außen in Gestalt einer Schlumpfmütze fort. Der Holzboden und die Möblierung bestehen aus Kampferholz. Umhüllt vom Duft des Kampferbaumes können die Gäste des Resorts die aufwendige Teezeremonie im Einklang mit der Natur genießen.

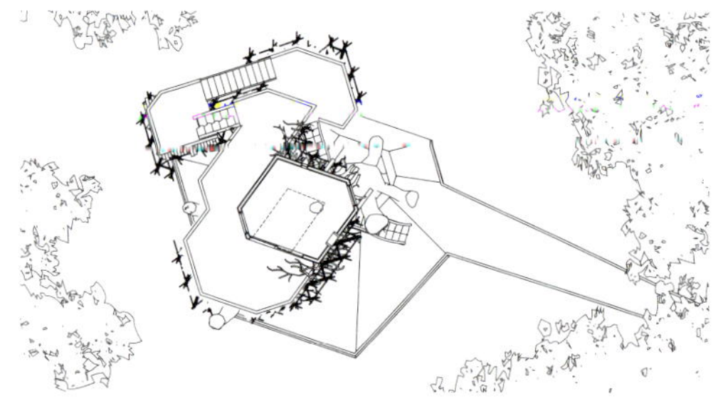

BAUMHAUS IM ISRAEL-MUSEUM

Jerusalem, Israel

Ifat Finkelman, Deborah Warschawski

Das Israel-Museum in Jerusalem ist ein verschachtelter Gebäudekomplex. Für die Neugestaltung eines seiner Innenhöfe haben sich zwei junge Architekten etwas Besonderes einfallen lassen: Vor dem Zugang zum Ruth Youth Wing for Education, einem Zentrum für Kunstvermittlung und -erziehung, schufen sie um eine hochgewachsene Kiefer ein luftiges Baumhaus. Der Kontrast des natürlichen Materials Holz zu den modernen Steinfassaden des Museums ist bewusst gesetzt. So wird die Bedeutsamkeit der Museumsinhalte, symbolisiert durch den Stein, mit einem Überraschungseffekt konterkariert. Eingebettet in eine Spielfläche wurde als Hommage an eigene Kindheitserinnerungen eine mäandernde Holzstruktur geschaffen. Der Zugang zum Baumhaus geschieht über einen aufsteigenden Holzsteg, der an den Balanceakt über einen gekippten Baumstamm oder über eine abstrakt geformte Kletterstange erinnern soll. Der Stamm der Kiefer windet sich durch die Gebäudeform und bietet mit seinem vorgehängten Schutzgewebe jungen Entdeckern eine weitere Kletterfläche. Eine wellige Bodenlandschaft umgibt die Holzskulptur mit einer weichen Gummioberfläche. Das ist nicht nur angenehm beim Spielen, sondern hat auch einen funktionalen Hintergrund: Das weit verbreitete Wurzelsystem der Kiefer konnte so in den Entwurf integriert werden. Die eigentliche Tragstruktur des Baumhauses ist geschickt in der äußeren Gestalt versteckt, sodass der Baumstamm nicht zur Abtragung des Gewichts genutzt werden muss und minimal beeinträchtigt wird. Die gesamte Hülle des Baumhauses besteht aus 2 Zentimeter dicken Hartholzstäben, die auf einem Stahlskelett befestigt sind. So entsteht eine flächige oder transparente Wirkung, je nach Blickwinkel. Aus Sicherheitsgründen schließt eine große Glasscheibe das Baumhaus zur Stirnseite hin ab. Sobald es dunkel wird, entfaltet dieses seine ganze Pracht – denn eine einfallsreich angebrachte Beleuchtung lässt den Innenraum strahlen und im Gegensatz zur massiven Umgebung fast schwerelos erscheinen.

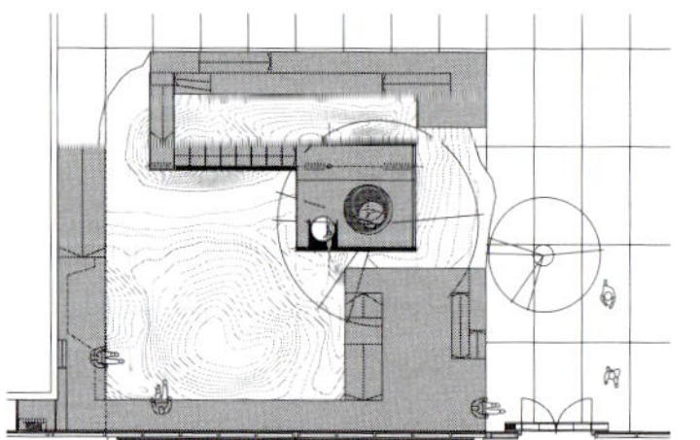

wing for

DARTMOOR TREEHOUSE

Devon, Großbritannien

Tate Harmer Architects

Während der Dartmoor Arts Week in Devon entstand im Rahmen eines einwöchigen Workshops zum Thema „Räumliche Strukturen" ein Baumhaus, das wie ein Vogelnest gewebt zu sein scheint.
Alle Bauelemente wurden aus lokal geschlagenen Fichten, Lärchen und Zedern gefertigt.
Angeleitet von Tate Harmer Architects hat eine zwölfköpfige Studentengruppe den Wunsch einer ortsansässigen Familie nach einem Baumhaus für die Enkelkinder eindrucksvoll umgesetzt. Parallel zur Suche nach dem perfekten Standort auf dem Grundstück begann die Entwicklung der richtigen Form. Inspiriert von Nestern afrikanischer Webervögel, die dramatisch aussehen, aber eine nachhaltige Verbindung von Form und Stabilität eingehen, fand das Team sein Leitbild in der Natur. In nur fünf Tagen wurde die temporäre Struktur um eine ausgewachsene Eiche herum gebaut. Diese hat ihren Standort am höchsten Punkt eines Hügels mit einem sanft ansteigenden Pfad. Als Fortsetzung des Pfades schlängelt sich ein ansteigender Gang um eine Astgabelung und endet schließlich in einer runden Kapsel. Diese hat einen Durchmesser von circa 1,8 Metern und ist mit Sitzplätzen versehen.
Der größte Teil des Baumhauses besteht aus dünnen, zum Teil in sich gedrehten Bändern aus Fichte. Diese wurden miteinander verleimt, um die gewünschte strukturelle Form zu erhalten. Wieder andere Bänder hat man in die bestehende Struktur eingewebt, um das Baumhaus visuell zu einer Einheit werden zu lassen. Auf mechanische Befestigungen an der Eiche konnte zum Schutz des Baumes verzichtet werden. Lediglich zwei Befestigungspunkte tragen das Gewicht ab und halten das insgesamt circa 10 Quadratmeter umfassende Gebilde in Position. Von der geflochtenen Kapsel aus kann man nicht nur die reizvolle Moorlandschaft genießen, sondern auch einige weitere Kunstwerke bewundern, die in früheren Jahren der Dartmoor Arts Week entstanden sind.

TRAVELLERS´ HIDEOUT IN SRI LANKA

Monaragala, Sri Lanka

Anusha Rajaguru & Benjamin Schreyer, Nils Weitkamp

Wo der Pfeffer wächst, genauer gesagt in einem kleinen Dorf bei Monaragala in Sri Lanka, liegt das selbst gebaute Baumhaus der Besitzer des Tree House Hotel, das Travellers' Hideout. Hier trifft man auf die landestypischen terrassenförmig angelegten Reisfelder, auf exotische Obstbäume und, wenn man Glück hat, neben Affen und Wildschweinen auch auf frei lebende Pfauen. Zuerst gab es nur den Wunsch, ein Baumhaus zu bauen. Die Idee, dieses auch zu vermieten und den Grundstein für ein kleines Resort zu legen, kam später. Ein großgewachsener Mangobaum, der in der freien Natur bis zu 45 Meter hoch werden kann, ist das Zuhause des Baumhauses. In einer Kletteraktion wurden die Bolzen für die erste kleine Plattform gesetzt, die als Verteiler für den Weg nach oben und nach unten diente. Von hier aus konnten die Bauarbeiten für die große Plattform, auf der das eigentliche Baumhaus errichtet wurde, erfolgen. Die Herausforderungen beim Bau waren enorm, sie reichten von langen Wartezeiten für die Metallbauteile bis zur Transportlogistik – denn das Baumaterial musste in Einzelteilen an den Bauplatz getragen werden, der nur zu Fuß zu erreichen war. Als Werkzeug vor Ort kamen lediglich Flaschenzüge zum Einsatz, die das im Sägewerk gekaufte Holz in die Höhe bringen konnten. Die gesamte Konstruktion ist ein Unikat, daher mussten die Holzbohlen für die Plattform und die Möbel mit viel Handarbeit eingepasst werden. In der ersten Bauphase führte noch eine Brücke vom Nachbarbaum zum Baumhaus. Diese erwies sich aber, ebenso wie die ursprüngliche Dachdeckung aus Palmwedeln, als zu wartungsintensiv. Daher führt nun eine stabile, aber steile Holztreppe über mehrere Etappen in die Höhe, und das Dach ist mit einer Wellblecheindeckung abgedichtet. Über eine Klappe im Boden gelangt man in den sechseckigen Grundriss, in dessen Zentrum der Stamm des Mangobaumes sitzt. Mit viel Liebe zum Detail ist ein nach allen Seiten offener Wohnraum entstanden, der zwei Personen Platz bietet. Geschickt angeordnet finden sich hier alle Annehmlichkeiten, die man von einem Baumhaushotel erwartet: ein Bett, das in den Blätterwald ragt, ein kleines Bad und eine Toilette mit fließendem Wasser und eine größere Fläche, wo Hängematten zum Verweilen einladen. Die Open-Air-Dusche am Boden des Regenwaldes macht das Naturerlebnis perfekt.

BIRDHUT - FÜR MENSCHEN UND VÖGEL

Windermere, British Columbia, Kanada

Studio North

Gut getarnt sitzt die „Vogelhütte" inmitten eines bewaldeten Hügels in Windermere, einem kleinen Ort im kanadischen British Columbia. Wer den Weg hierher findet, muss sein Nachtlager teilen, denn in dem 9,2 Quadratmeter großen Baumhaus haben nicht nur zwei Personen Platz, sondern auch Vögel und andere neugierige Tiere. Zwölf heimische Vogelarten, die in den Bergen des Columbia Valley leben, finden hier ein Zuhause. Daher wurden die Form und Fassade der Birdhut so entworfen, dass möglichst viele verschiedene Tiere das Haus als Brutmöglichkeit annehmen. Durch die Anordnung der maßgefertigten Schindeln aus rotem Zedernholz entstehen Höhlen und Öffnungen, die von großen und kleinen Vögeln gleichermaßen genutzt werden können. Die Lage der Löcher entspricht den spezifischen Nistgewohnheiten – von Bodennähe bis zur Spitze des Daches bei circa 6 Metern Höhe. So entsteht ein natürlich gewachsenes Artefakt, das sich harmonisch in die raue Umgebung des Waldes einfügt. Auch die Konstruktion macht Anleihen bei einem Vogelnest. Weniger in der Form, als vielmehr in der Art und Weise, wie die in der unmittelbaren Umgebung verfügbaren Materialien verwendet wurden. Das zeltförmige Gebäude schwebt auf hölzernen Stelzen circa 2,70 Meter über dem Boden. Für die Konstruktion wurden Kiefernholzstämme verwendet, die aus einem Gebiet stammen, das kurz zuvor von einem Feuer zerstört worden war. Die Plattform und die Verkleidung der Grundstruktur hingegen nutzen recycelte Planken von einem alten Schiffs-Kabinendeck. Die Seitenwände der Zeltstruktur wurden mit transparenten Polycarbonatplatten versehen. So lässt sich das Sonnenlicht als Wärmequelle nutzen, und zugleich erhält man das Gefühl, direkt zwischen den Baumkronen zu sitzen. Zwei Bullaugen, je eins an der Vorder- und Rückseite der Fassaden, bringen natürliches Licht und frische Luft in den Innenraum. Eine unauffällige Brücke verbindet die Vogelhütte mit dem Hügel; von diesem führt ein Steinweg zu einer Naturquelle und einem Platz für Lagerfeuer.

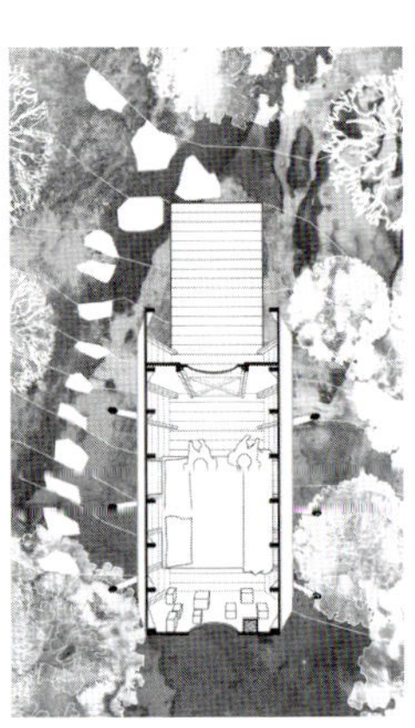

BAUMVILLA

Tala, Indien

Architecture BRIO / Forest Hills Resort

Die hügelige Landschaft der indischen Westküste ist Heimat des Forest Hills Resort. Dieses schmiegt sich in Tala inmitten einer mäandernden Flusslandschaft an einen dicht bewachsenen Waldhang. Den Reisenden stehen je nach ihren persönlichen Vorlieben verschiedene Unterkünfte zur Verfügung. Mit dem neuesten Gästehaus, der Baumvilla, entstand ein besonderer Ort, der die tropische Umgebung als raumbildendes Element nutzt. So verschwimmen die Grenzen zwischen Haus und Bäumen, zwischen Innen- und Außenraum.

Eine Holzbrücke über dem Waldboden führt auf eine große Aussichtsplattform auf Stelzen, die gleichzeitig die Hauptebene der Baumvilla bildet. Zunächst wirkt diese wie eine unscheinbare Hütte mit Stroheindeckung, die zwischen den Bäumen die landestypische Dachform erkennen lässt. Erst von Näherem erschließt sich dem Besucher die räumliche Komposition. Die gewichtige Dachstruktur wird durch eine horizontale Schicht verschiebbarer Glasflächen luftig ergänzt. Auch im Inneren gibt es spannende Brüche: Statt einer Unterteilung mittels Einbauten schieben sich kleine funktionale Einheiten wie das Badezimmer, eine Kochnische und der Schlafbereich in den großzügigen Raum. Neben den erwähnten Glasflächen filtert eine textile Schicht das Tageslicht und steuert wie diese die flexible Öffnung hin zur Natur. Außerdem verstärken abgerundete Ecken die Panoramawirkung. Die Offenheit des Raumes setzt sich nach außen fort. Visuell mit dem Wohnbereich durch eine halbhohe Vertäfelung aus vertikalen Lamellen verbunden, hat das teilweise außenliegende Bad den Charakter eines großzügigen Innenhofes. In gestalterischer Hinsicht wirkt das wie ein abstraktes Abbild des Astwerks: Dieser Eindruck wird noch dadurch verstärkt, dass der Wuchs der Äste eines alten Obstbaumes mit einbezogen wurde. Eine Wendeltreppe führt vom Hauptraum nach unten zu einer kleinen, intimeren Fläche. Hier wird die kontemplative Stimmung durch das reduzierte Material intensiviert. Wie ein U-Boot unter Wasser verbirgt sich dieser Raum, geschützt unter der Aussichtsplattform liegend, inmitten des dichten Waldes.

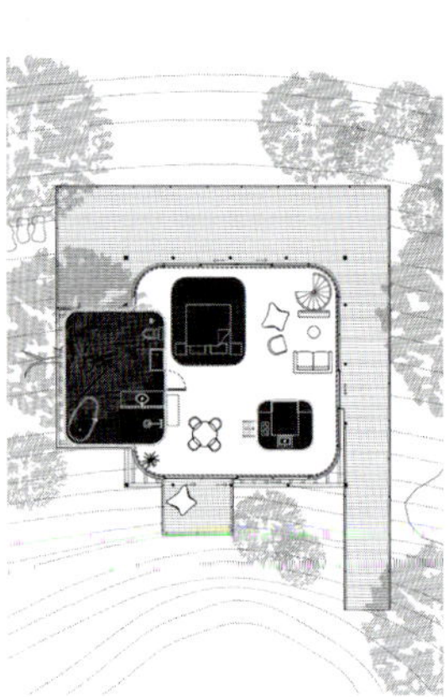

WILD THING-OBSERVATORIUM

Cēsis, Lettland

RTU International Summer School „Arcadia"

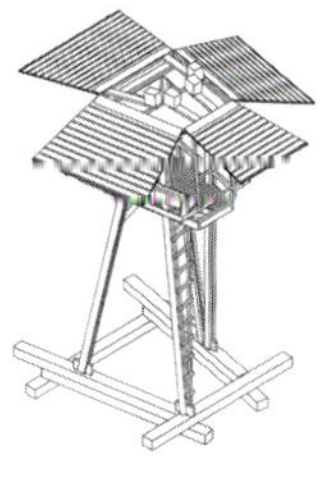

Jedes Jahr kommen Studenten aus der ganzen Welt nach Riga, um in der Sommerschule „Arcadia" der Technischen Universität Riga in Workshops aus den Bereichen Städtebau, Architektur und Design kreative Bauprojekte zu erarbeiten. Jedes davon steht in einem konkreten sozialen Kontext, alle sind öffentlich zugänglich. Mal entstehen funktionale Objekte, mal geht es vor allem um das Hinterfragen eingefahrener Kulturtechniken.

Das Stelzenhaus Wild Thing steht an einem besonderen Ort: Innerhalb des Stadtgebiets der lettischen Stadt Cēsis verbindet das Pirtsupite-Tal die historische Burganlage der Stadt mit einem nahegelegenen Nationalpark. Zu wild für eine städtische Grünanlage, aber zu gepflegt für eine echte Wildnis, wurde diesem bislang undefinierten Stück Natur eine Verwilderungskur auferlegt. Das sollte einerseits die Unterhaltskosten für die Gemeinde verringern und zugleich die Biodiversität des Areals stärken.

Um diesen Prozess der Bevölkerung zu vermitteln, planten und bauten die Studenten innerhalb von zwei Wochen ein Observatorium. Die Kabine, die über eine Leiter zu erreichen ist, beherbergt 4,5 Meter über dem Boden auf einer Plattform zwei Sitzbänke für bis zu sechs Personen. Die gegenüberliegenden Seitenwände können – ausgeglichen über Gegengewichte an der Oberseite der Klappen – jeweils geöffnet werden, sodass die introvertierte, kompakte Struktur zu einer offenen Aussichtsplattform wird. Darüber hinaus laden eine Öffnung im Dach und die offenen Flächen seitlich der Sitzbänke zur Beobachtung des Himmels und der Tierwelt ein.

Die dreibeinige Struktur verwendet eine Kombination ausgefeilter A- und V-Rahmen und wirkt zwischen den Bäumen wie eine Kreatur aus einem anderen Universum. Alle Elemente wurden im Tal vorgefertigt und vor Ort per Hand zusammengebaut. Dabei kamen auch ausgemusterte Materialien zum Einsatz, etwa Eisenbahnschwellen für die Fundamente oder recycelte Gummiklappen als Schindelmaterial der Kabinenfassade – auch das ein Stück Verwilderung.

BAUMTRAUM IN DER BISATE LODGE

Volcanoes Nationalpark, Ruanda

Wilderness Safaris

Die Beobachtung freilebender Berggorillas steht für viele Naturliebhaber auf ihrem Reise-Wunschzettel. In der Bisate Lodge im Volcanoes Nationalpark in Ruanda könnte man der Natur nicht näher kommen. Am Rande eines Kraters – mit Blick in den Regenwald und umgeben von Vulkankegeln mit einer Höhe bis zu 4.500 Metern – befindet sich die kleine, aber feine Lodge. Das Resort umfasst gerade einmal sechs Gästevillen, die sich durch ihre Formensprache und Materialität in den Berghängen zu verstecken scheinen. Ihre Architektur wurzelt in den traditionellen strohgedeckten Häusern Ruandas und orientiert sich am historischen Königspalast von Nyanza. Die elliptische Struktur erinnert außerdem an die vielen Hügel, die die ruandische Landschaft prägen. Trotz ihrer Größe von 90 Quadratmetern fügen sich die Baumhäuser verträglich in die natürliche Umgebung ein. Jeweils ein Schlafzimmer mit Kamin und Loungebereich sowie eine großzügige Badeinheit befinden sich in einem der zwei Gebäudeteile, die über eine Loggia miteinander verbunden sind. Die Kuppelform ist auch das Leitmotiv für die Innenarchitektur, die die Tier- und Pflanzenwelt Ruandas zeitgemäß interpretiert: Traditionelle Materialien wie Stroh in gewebter Struktur, Bananen- und Palmblätter sowie Bambus dienen als Material für das Dach und kleiden die Wände aus. Der Boden besteht aus regional verfügbarem Blackwood-Holz. Die Möbel greifen als Dekor die traditionelle ruandische Kunstform des Imigongo auf, einer Technik, bei der geometrische Muster aus verschiedenen Rohmaterialien (unter anderem Kuhdung) aufgemalt werden. Ein gemeinschaftliches Areal, das neben dem Restaurant- und Loungebereich eine weitere Aussichtsplattform umfasst, rundet das Ensemble ab. In der Bisate Lodge spielt Nachhaltigkeit eine große Rolle: ein Grund, weshalb Ruanda anderen afrikanischen Ländern als Vorbild in Sachen Umweltschutz gilt. Das spiegelt sich nicht nur in der verantwortungsvollen Bauweise, sondern auch darin, dass das Resort verschiedene Projekte unterstützt, die den Erhalt der Biodiversität fördern.

BAUMHAUS NR.1

Bremen, Deutschland

baumraum

Das außergewöhnliche Baumhaus auf dem südlich von Bremen gelegenen Plendelhof ist in vielerlei Hinsicht ein Prototyp. Es markiert den Startpunkt des heute für seine tollkühnen Entwürfe bekannten Baumhaus-Unternehmens baumraum. Darüber hinaus ist das Design auch als Experiment zu begreifen. Einerseits ging es darum, einen Ort zu gestalten, der bei möglichst geringem Raumbedarf genügend Platz zum Verweilen und Übernachten bietet. Andererseits sollte das Baumhaus mit einem nach Süden ausgerichteten Sonnendeck ausgestattet sein und Ausblicke in alle Himmelsrichtungen, in die umliegenden Baumkronen und zum Boden ermöglichen.

Das nach diversen Vorstudien erzielte Resultat würde man allerdings eher auf dem Wasser als in den Baumwipfeln vermuten. Ein schlanker, bootsähnlicher Körper mit einem dreieckigen Grundriss erwies sich als die Idealform zwischen zwei Buchen in 9 Metern Höhe. Nach einem Aufstieg über vertikal wie diagonal verlaufende Leitern gelangt man durch eine Klappluke direkt in den Innenraum des Baumhauses. Auch hier sind die Anleihen an den Bootsbau spürbar. Die Einbauten sind gemütlich, aber vor allem platzsparend. Unter der Liegefläche mit weichen Polstern und der Sitzbank befinden sich Schubkästen, die Stauraum für Decken und andere Gegenstände bieten. Als externes Gästezimmer mit Abenteuerfaktor hat das Baumhaus weder sanitäre Anlagen noch eine Kochgelegenheit; der 7,6 Quadratmeter große Innenraum wird durch eine Terrasse erweitert, die man durch das Baumhaus erreicht. Länglich gesetzte Kippfenster an den Seitenwänden, eine horizontal und vertikal verglaste Spitze des Raumes sowie eine Dachluke bieten die gewünschte Sicht in die Baumkrone und die angrenzende Landschaft. Für Konstruktion und Verschalung wurde unbehandeltes Lärchenholz gewählt, das sich durch den natürlichen Verfärbungsprozess von Nadelholz mit der Zeit an seine Umgebung anpassen wird. Durch die Aufhängung mittels Stahlseilen und Textilgurten an den zwei Buchen scheint das Baumhaus je nach Blickwinkel und Lichtstimmung sphärisch in den Bäumen zu schweben.

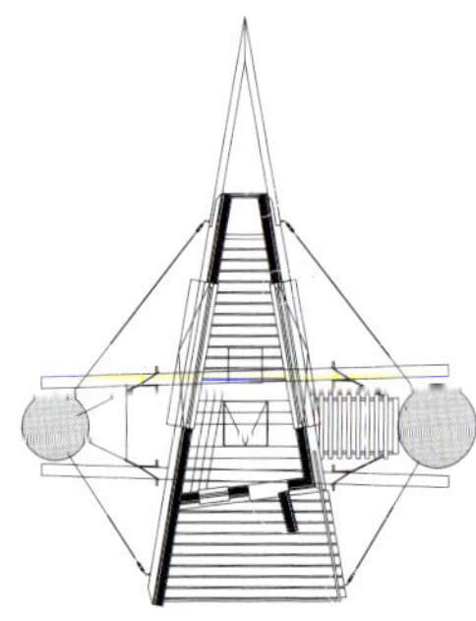

BAUMHAUS IN ZAFFELARE

Lochristi, Belgien

Hogerhuis

Dieses kleine private Baumhaus ist mehr als die Erfüllung eines Kindertraums. Denn das von den Baumhaus-Spezialisten Hogerhuis entworfene und in nur zehn Tagen errichtete Baumhaus ist nicht nur eine Spielfläche, sondern bietet den Besitzern, getrennt von ihrer eigentlichen Wohnung, einen zusätzlichen Raum, in den sich jedes Familienmitglied zurückziehen kann. Dass dieser nun die Gestalt eines Baumhauses hat, liegt an der Begeisterung der Familie für diese Bauform. Als die Kinder noch klein waren, bauten die Eltern bereits Baumhäuser zwischen die Bäume im Garten; es waren rudimentäre Plattformen zum Klettern und Kriechen, ausgestattet mit Seilen und erweitert mit gefundenem Material. Als die drei Kinder im Teenageralter waren, entschied man sich für eine professionelle Umsetzung der fixen Idee.

Das Baumhaus liegt versteckt zwischen einer Gruppe von Tannen, sodass Passanten das Haus nicht erahnen können. Vom Baumhaus hat man dafür einen schönen Blick auf den Garten und dessen Teich. Bevor das Gebäude errichtet werden konnte, galt es erst den geeigneten Baum beziehungsweise Bäume zu finden; bei der Konstruktion ging es darum, deren Schädigung zu vermeiden. Die hochgewachsene Tannengruppe erwies sich als ideal, um die Lasten zu verteilen. Zwischen den Tannen wurde eine Hilfskonstruktion errichtet, auf der das eigentliche Haus aufsitzt. Der Zugang erfolgt über eine steile Holztreppe.

Zum Konzept von Hogerhuis gehört es auch, Bauteile bestmöglich zu recyceln und funktionstüchtige Elemente wie Fenster und Türen wiederzuverwenden. So erklärt sich der Materialmix im Baumhaus, der in Kombination mit den Vintage-Möbeln die ganz persönliche Note des Rückzugsortes ausmacht. Die Integration der Baumstämme ist überall sichtbar und symbolisiert den Respekt vor der Kraft der Natur. Das Baumhaus wird rege genutzt – sowohl von den Teenagern und ihren Freunden als auch von den Eltern, die hier Abstand vom Trubel des Alltags nehmen. Sogar der Familienhund fühlt sich hier wohl, genau wie die Hauskatze, die beide ihr Revier für sich in Anspruch nehmen.

SPIRIT NESTS

Big Sur, USA

Jayson Fann

Es ist der Traum von vielen: einmal mit dem Auto den berühmten kurvenreichen Highway One entlangzufahren, der San Francisco und Los Angeles verbindet. Hoch über dem stürmischen, kalten Pazifik, auf dem man in der richtigen Jahreszeit Wale vorbeiziehen sehen kann, ist dieser Landstrich von einer schroffen Felsküste geprägt. Besonders unberührt erscheint die Natur im Küstenabschnitt von Big Sur, der seit jeher dünn besiedelt und daher ein beliebtes Ziel von Aussteigern ist. An diesem magischen Ort baut der Künstler Jayson Fann seine „Spirit Nests" genannten Skulpturen, die viel mehr sind als funktionale Baumhäuser. Manche Benutzer empfinden sie als kreative Inspirationsquelle, andere genießen darin einen transzendenten Ort zwischen Himmel und Erde oder schätzen schlicht ihre skulpturale Qualität. Etwa 500 Äste werden für ein Nest, in dem mehrere Personen Platz haben, benötigt. Besonders gerne baut der Künstler mit eigenhändig geschlagenem Bambus und Eukalyptus, der gut riecht und sich lange hält, oder mit recyceltem Holz. Zu Beginn erstellt er Skizzen von der idealen Form, doch die endgültige Gestalt ergibt sich erst während des Bauprozesses. Nach der Installation eines stabilen Fundaments mit versteckten Metallschrauben beginnt die eigentliche Arbeit. Aus meterlangen Ästen und Zweigen werden die Holzskulpturen geflochten; der Clou sind jeweils gezielt gesetzte, kunstvoll eingearbeitete Öffnungen. Die Konstruktionen sind mitunter bis zu 5 Meter hoch. Manche sehen aus wie die überdimensionierte Kugel eines Mistkäfers, andere wie das Bauwerk eines Webervogels und wieder andere erinnern an ein kunstvolles Gesteck.

Die Baumnester sind jedoch nicht nur zum Anschauen da, man kann sie auch nutzen. Was wacklig aussieht, erweist sich als äußerst stabil und heimelig. Wer etwa in dem nebenstehend abgebildeten Haus über eine Holzleiter auf die Plattform gelangt, ist überrascht von der Größe des Innenraumes; trotz des luftig gesteckten Geflechts fühlt man sich hier geschützt. Einige Nester funktionieren als künstlerische Interventionen, andere stehen in privaten Gärten und auf öffentlichen Plätzen. Und in einem Objekt kann man sogar übernachten!

BLACK BEAUTY - SCHWARZE SCHÖNHEIT

Usedom, Deutschland

baumraum

Die Insel Usedom in der Ostsee ist die Heimat eines privaten Baumhauses mit dem ungewöhnlichen Namen Black Beauty. Den Blick in die reizvolle Landschaft freigebend, ruht das quadratische Baumhaus auf acht filigranen Stahlstützen. Die besondere Schrägstellung der Stützen erweckt den Eindruck, als sei das Haus in Bewegung und könne sich an verschiedenen Orten niederlassen. Hoch oben zwischen den Blätterkleidern der Bäume versteckt sich der schwarz glänzende Baukörper nahezu.
Der Wunsch der Bauherren war es, das Bauwerk dem Erdboden zu entrücken, um die Natur und die umgebende Landschaft besonders intensiv erleben zu können.
Den Eingang erreicht man über eine Treppe, die zunächst zu einer Terrasse in 4 Metern Höhe führt; von hier aus gelangt man über einen weiteren Treppenlauf in das auf 6 Meter Höhe gelegene Baumhaus. Im Gegensatz zur Kabine wird die große Terrasse, auf der sogar eine Außendusche zur Verfügung steht, durch Seilaufhängungen in einer Pappel getragen.
Der Baum ist in die Konstruktion integriert worden. Man entschied sich für diese Lösung, weil Pappeln schnell wachsen und somit Flexibilität nötig war.
Den komfortablen Innenraum des Refugiums bestimmt eine gedeckte Farbgebung. Seine gepolsterten Liegeflächen können beliebig erweitert werden und laden zum Verweilen ein. Großzügige Fensterflächen an Wand und Decke sorgen für viel Lichteinfall und geleiten den Blick in die Baumkrone und die Landschaft.
Für die Gestaltung der Fassade wurde hoch spiegelnder geschwärzter Edelstahl verwendet, der einen gewollten Camouflage-Effekt erzeugt. Je nach Betrachtungswinkel reflektiert die Fassade die Umgebung in unterschiedlichen Schwarztönen und verleiht dem Baumhaus so einen fast mystischen Charakter.
In den Abendstunden treten die erleuchteten Fenster der „schwarzen Schönheit" hervor, während bei Tag das Spiel mit den Tages- und Jahreszeitstimmungen den Ton angibt.

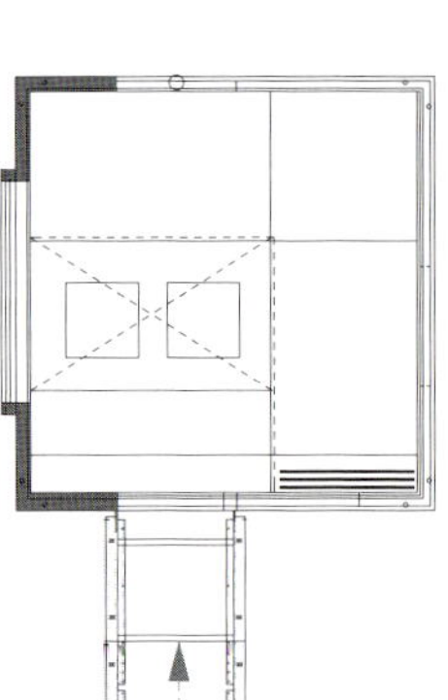

BAUMHAUS IM LAVENDELFELD

Arlena di Castro, Italien

La Piantata / La Cabane perchée

Beim Gedanken an die Toskana kommen einem vielfältige Bilder in den Sinn – von typisch italienischen Städten mit engen Gassen und weiten Plätzen bis zu Weinbergen und Olivenhainen, die ganzen Landschaften ihr Gepräge geben.
Die Faszination für die Schönheit und Ruhe der Natur bewog auch die Gründer von La Piantata, ihren Geschäften in Mailand den Rücken zu kehren. In der Nähe der alten etruskischen Stadt Tuscania kauften sie einen verfallenen Bauernhof aus dem 19. Jahrhundert und restaurierten ihn liebevoll. Die bereits zur Bauzeit auf Terrassen gepflanzten Olivenbäume bildeten den Grundstock des nachhaltigen Agritourismus-Betriebs, zu dem später noch die Herstellung von Lavendelhonig als Erzeugnis der eigenen Bienenvölker hinzukam.
In dieser idyllischen Landschaft versteckt sich im Laub einer jahrhundertealten Eiche das Baumhaus Suite Bleue. Mit dem Namen hat es eine besondere Bewandtnis, die sich am besten in den Sommermonaten zeigt. Denn das Baumhaus liegt inmitten eines 12 Hektar großen Lavendelfeldes, das die Landschaft zur Blütezeit in ein violettes Meer verwandelt. In einer Höhe von 6 Metern, die über eine Wendeltreppe erklommen werden müssen, wurde das Baumhaus zwischen die Äste der Eiche gebaut. Lediglich eine zusätzliche Stütze und Stahlseile, die mit Gurtschlaufen im Geäst verankert sind, fangen die Lasten des Hauses mit ab.
Eine großzügige Terrasse, die sich im Blätterwald der Eiche versteckt, ist dem eigentlichen Innenraum vorgelagert.
Auf 22 Quadratmetern befinden sich ein Schlafbereich sowie ein Badezimmer, und sogar eine Heizung wurde eingebaut, um in kühlen Nächten angenehmen Schlaf zu gewähren. Das Frühstück mit Produkten aus eigenem Anbau wird morgens zum Haus geliefert und dann mithilfe eines Korbes am Seilzug hochgezogen.
Oben im Baum ist der perfekte Ort zum Entspannen und Träumen. Bei einem so atemberaubenden Blick über die sich sanft im Wind wiegenden Lavendelfelder könnte man die attraktiven Angebote des Agritourismus glatt vergessen, um sich für kurze Zeit als Luxus-Eremit zu fühlen.

COCOON TREE

Ortsunabhängig

Cocoon Tree, Berni du Payrat

Ein ungewöhnliches Naturerlebnis versprechen diese runden Cocoon Trees, eine Mischung aus Zelt und mobilem Baumhaus. Sie lassen sich überall anbringen, ob im dichten Wald, an einer Felsklippe oder am Strand zwischen Palmen. Tatsächlich entstand die Idee dafür am Strand, genauer gesagt während eines Projekts in Thailand. Gesucht wurde nach einer temporären Wohnmöglichkeit im Einklang mit der Natur, und die Kokosnüsse, die überall in den Palmen hingen, wurden mit einem Mal zur Inspirationsquelle für Form und Positionierung des Designs. So entstand eine mobile Variante eines Baumhauses, das überall dort installiert werden kann, wo genügend stabile Äste vorhanden sind. Auch hinterlässt es, wenn es wieder entfernt wird, keine bleibenden Spuren. Die Höhe der Kugel hängt vom Ort und der Zugänglichkeit ab. Die Grundstruktur des Cocoon Tree besteht aus einem leichten Aluminiumrahmen mit einem Durchmesser von 3 Metern, der mit einer wasserdichten Hülle umgeben ist. Die Baumkugel wiegt nur 240 Kilogramm und kann ihrerseits ein Gewicht von bis zu 500 Kilogramm tragen. Die Installation erfolgt von Hand in wenigen Stunden.

Die Kugel wird über Seile und Kabel zwischen zwei oder drei Bäumen aufgehängt und durch Netze gesichert. Die Voraussetzung für die Installation sind gesunde Bäume, deren Stamm einen Durchmesser von 20 Zentimetern oder mehr hat und die mindestens 5 Meter voneinander entfernt stehen. Sollte das nicht der Fall sein, gibt es eine Version mit Fußgestell, in das die Kugel eingehängt wird. Die sphärische Form wurde gewählt, um dem Wind so wenig Widerstand wie möglich zu bieten. Doch sollte es tatsächlich stürmischer werden, sichern sechs Ankerpunkte die Seitenstabilität. Der Zugang erfolgt über Holzstege oder Netze – mittels eines abnehmbaren Eingangs mit einem Reißverschluss in der Außenhaut. Sogar Fenster aus transparentem PVC sind eingebaut, um die Rundung zu gewährleisten und Gewicht zu sparen. Eine fest installierte Bodenebene gibt dem Kokon Stabilität und dient mit einem Durchmesser von 2,4 Metern als Plattform für den nutzbaren Raum. Zusätzlich zu den Baumhauskugeln, die zum Schlafen und Entspannen gedacht sind, soll es künftig auch eine Version geben, die ein mobiles Badezimmer beinhaltet.

HÜTTE AUF STELZEN

Dorset, Großbritannien

Nozomi Nakabayashi

Versteckt in einem kleinen Eichenwald in den sanften Hügeln Dorsets steht das kleine Haus auf Stelzen, das von der Architektin Nozomi Nakabayashi entworfen und eigenhändig gebaut wurde. Ein Schriftsteller hatte ihr den Auftrag erteilt, einen magischen Ort zu schaffen; groß genug, um dort zu übernachten, und abgelegen genug, um in Ruhe über neue Buchideen nachdenken zu können. Das passende Grundstück befindet sich auf einer leichten Anhöhe hinter einem See, sodass der Blick in die umgebende Landschaft und auf die vorbeiziehenden Tiere des Waldes gelenkt wird. Die erhöhte Position zwischen den Baumkronen ist bewusst gewählt. Die ursprüngliche Idee, das Baumhaus zwischen die Bäume zu hängen, scheiterte am Eigengewicht des Baus. So steht nun ein kleines Bauwerk zwischen den Bäumen, das mit dem freien Blick die gewünschte Atmosphäre schafft. Ausgemusterte Telegrafenmasten wurden als Stelzen verwendet. Auf diese wurde dann die fertige Hütte in circa 4 Metern Höhe aufgesetzt. Die Hülle des Baumhauses besteht aus Douglasienholz, während der Innenraum mit Zedernholz und Kork verkleidet ist. Über die 8 Quadratmeter große Grundfläche entwickeln sich zwei Ebenen. Eine untere, nach allen Seiten offene Plattform lädt zum Sitzen ein, während die Kabine auf der oberen Ebene sogar mit einem Holzofen ausgestattet ist. Um den knappen Innenraum von circa 2,5 x 2,5 Metern optimal in Gebrauch zu nehmen, gibt es clevere Mehrfachnutzungen: Eine eingebaute erhöhte Fläche kann als Sitzmöbel und als Schreibtisch dienen und entpuppt sich als Schlafmöglichkeit, wenn man den Deckel anhebt. Nach außen verdoppelt sich die Fläche noch einmal durch die große Veranda, die über die Fensteröffnungen zugänglich ist. Die Fenster wurden, wie auch die Grundkonstruktion des Bauwerks, aus einem anderen Bauvorhaben recycelt. Ihre Position ergab sich aus den Maßen der Einbaumöbel und den gewünschten Blickbeziehungen. Zwar ist es ungewöhnlich, dass ein Planer auch die Herstellung des Baus übernimmt – für die Architektin war diese Aufgabe jedoch ein Teil des Designprozesses mit dem Ziel, die visuelle Idee zu einem physischen Raum werden zu lassen.

TINY HOUSE IM WALD

Ortsunabhängig

Bjarke Ingels Group / Klein House LLC

Klein, aber fein ist Programm beim Tiny House mit dem kryptischen Namen A45. Denn Klein lautet nicht nur der Name des jungen Unternehmens, sondern auch die Idee, das Wohnen neu zu erfinden, setzt auf minimalen Raum. Für den Prototyp in einem Waldstück in Upstate New York steht die klassische Zeltform mit schrägen Seitenflächen Pate, diese sind zugleich Hülle und Konstruktionselement. Um die nutzbare Fläche des quadratischen Grundrisses zu erhöhen, wird die Form des Gebäudes um 45 Grad gekippt, sodass sich die Raumhöhe partiell auf knapp 4 Meter erhöht und eine großzügige Fensterfläche entstehen lässt, die genug Tageslicht ins Rauminnere bringt. Dieser interessante Baukörper bietet aus verschiedenen Blickwinkeln unterschiedliche Geometrien – vom Würfel bis zum spitzen Dreieck. Auf 17 Quadratmetern haben ein offener Wohn- und Schlafbereich, ein Kamin, ein kleines Bad und eine Kochzeile Platz. Der Innenraum des Waldhauses folgt dem Hygge-Trend mit seinem minimalistischen nordischen Design. Sichtbar belassene Holzrahmen aus massivem Kiefernholz ergeben im Zusammenspiel mit dem Holzboden aus Douglasie und den mit Naturkork verkleideten Wandflächen das Bild eines feingliedrigen Astwerks – als Reminiszenz an die Umgebung. Um die Schönheit der Natur zu schützen und möglichst wenig in sie einzugreifen, wird das Waldhaus in Modulen vorgefertigt, die von Hand und ohne große Maschinen auf vier flachen Fundamenten montiert werden. So scheint das Haus über dem Boden zu schweben und lässt der Vegetation genügend Freiraum. Die einzelnen Module – der Unterboden, der Holzrahmen, die Wandmodule und das dreieckige raumhohe Fenster – bestehen aus Materialien, die zu 100 Prozent recycelbar sind. Auch Aspekte des energieautarken Wohnens, ein Konzept zum Wasserverbrauch und zur Erzeugung von Solarenergie wurden mitgedacht und lassen sich an die jeweilige Umgebung anpassen. Doch die kleinen Wohnmodelle für den temporären Rückzug müssen keineswegs einheitlich oder seriell wirken: Neben der Möglichkeit, sich gestalterisch einzu bringen, stehen interessierten Käufern in Zukunft eine Vielzahl kleiner Waldhäuser zur Auswahl, entworfen von international bekannten Architekten.

BAUHERREN + ARCHITEKTEN + DESIGNER

S. 10–13
Lov'Nid
Raray, Frankreich
Bauherr: Coucoo / Cabanes des Grands Chênes, www.cabanesdesgrandschenes.com
Erbauer: Nid Perché / créateur d'hébergements insolites, www.nidperche.com

S. 14–19
Yoki House
Spicewood, Texas, USA
Bauherr / Resort: Cypress Valley Treehouse Resort
Erbauer: Artis Tree, www.artistree.com

S. 20–25
Ruheoase im Regenwald
Mossman, Australien
Bauherr / Resort: Silky Oaks Lodge, www.silkyoakslodge.com.au

S. 26–31
Bergaliv Lofthuset
Åsberget bei Orbaden, Schweden
Bauherr / Resort: Bergaliv AB, www.bergaliv.se
Architektin: Hanna Michelson

S. 32–35
Tree Sparrow House
Tregaminion, Cornwall, Großbritannien
Bauherr / Resort: Outlandish Holidays, Jonathan Melville-Smith, www.outlandishholidays.co.uk

S. 36–41
Tongabezi Tree House
Livingstone, Sambia
Bauherr / Resort: Tongabezi Safari Lodge, www.tongabezi.com

S. 42–47
Glamping zwischen Zypressen
Suncheon-Shi Junnam, Südkorea
Bauherr / Resort: SJCC Glamping Resort
Architekt: Atelier Chang, www.atelierchang.com

S. 48–53
Baumhausweg in den Bergen
Schlick 2000, Stubaital, Österreich
Betreiber / Bauherr: Tourismusverband Stubai Tirol, www.stubai.at
Erbauer: Erlebniswerkstatt „naturidea"
(Ermöglicht durch die gemeinschaftliche Finanzierung seitens der Stadt Innsbruck / Amt für Land- und Forstwirtschaft, der Marktgemeinde Fulpmes, der Schlick 2000 und dem Tourismusverband Stubai Tirol)

S. 54–57
Birds Eye View
Komoro, Nagano, Japan
Bauherr: Momofuku Ando Center, www.momofukucenter.jp
Designer: Noma Bar, http://agenthamyak.com/artists/noma-bar
Architekt: Yuji Nakayama
Schreiner: Kouichi Hara

S. 58–63
In luftiger Höhe in Peru
Iquitos, Peru
Bauherr / Resort: Treehouse Lodge Resort, www.treehouselodge.com

S. 64–67
Glamping im Gletscherpark
Coram, Montana, USA
Bauherr / Resort: Under Canvas Group, www.undercanvas.com

S. 68–71
ORIGIN Tree House
Raray, Frankreich
Architekt: Atelier LAVIT, www.atelier-lavit.com
Bauherr: Coucoo / Cabanes des Grands Chênes, www.cabanesdesgrandschenes.com
Erbauer: Nid Perché / créateur d'hébergements insolites, www.nidperche.com

S. 72–77
Bensfield Tree House
Wadhurst, Großbritannien
Betreiber / Bauherr / Resort:
Blue Forest Luxury Tree Houses
www.blueforest.com

S. 78–83
Toms Baumhaus
Elkhorn, Wisconsin, USA
Bauherr / Resort: Camp
Wandawega, Tereasa Surratt /
David Hernandez,
www.wandawega.com

S. 84–87
Versteck im Nussbaum
München, Deutschland
Bauherr: privat
Architekt / Erbauer:
Matthias Marschner

S. 88–93
Pigna – von Baum zu Baum
Malborghetto, Italien
Bauherr: Malga Priu
Architetto Claudio Beltrame,
www.architettobeltrame.com

S. 94–99
Baumhaus zwischen Eichen
Halden, Schweiz
Bauherr: privat
Architekt / Erbauer:
Andreas Wenning, baumraum,
www.baumraum.de

S. 100–103
Timbertop Hangout
East Sussex, Großbritannien
Bauherr: privat
Erbauer: Blue Forest Luxury Tree
Houses, www.blueforest.com

S. 104–109
Robins Nest
Nahe Witzenhausen,
Deutschland
Bauherr / Resort: Baumherberge
Robins Nest, www.robins-nest.de
Erbauer: Luftschlösser

S. 110–115
The Woodman's Treehouse
West Dorset, Großbritannien
Betreiber: Guy Mallinson,
www.mallinson.co.uk
Architekt: Keith Brownlie,
Brownlie Ernst and Marks

S. 116–121
Dom'Up-Baumhaus
Ortsunabhängig
Designer / Bauherr /
Erbauer: Trees & People,
www.treesandpeople.com

S. 122–125
Schwebendes Baumhaus
Schanghai, China
Bauherr / Architekt: Mur Mur Lab,
www.murmurlab.cn

S. 126–131
Waldhaus im Garten
Uthai Thani, Thailand
Bauherr: privat
Architekt: Studio Miti,
www.studiomiti.com

S. 132–135
Open Cocoon
Indrajai-See, Utena, Litauen
Bauherr / Architekten:
1:1 Vienas prie Vieno,
www.vienasprievieno.lt

S. 136–141
Kusukusu-Teehaus
Shizuoka, Japan
Bauherr / Resort: RISONARE
Atami Resorts, www.risonare.com
Architekt: Hiroshi Nakamura & NAP,
www.nakam.info
Erbauer: Takashi Kobayashi
& Treehouse Creations

S. 142–147
Baumhaus im Israel-Museum
Jerusalem, Israel
Bauherr: The Ruth Youth Wing
for Art Education / The Israel
Museum
Förderer: Lier Foundation
Architekten: Ifat Finkelman,
Deborah Warschawski

S. 148–151
Dartmoor Treehouse
Devon, Großbritannien
Bauherr: Dartmoor Arts Week
Architekt: Tate Harmer Architects,
www.tateharmer.com

S. 152–157
Travellers' Hideout in Sri Lanka
Monaragala, Sri Lanka
Bauherr: Tree House Hotel Traveller's Hideout,
www.baumhaus-srilanka.de
Erbauer: Anusha Rajaguru & Benjamin Schreyer,
Nils Weitkamp

S. 158–161
Birdhut – für Menschen und Vögel
Windermere, British Columbia, Kanada
Architekt / Erbauer: Studio North,
www.studionorth.ca

S. 162–167
Baumvilla
Tala, Indien
Bauherr: Forest Hills, Tala
Architekten: Architecture BRIO,
www.architecturebrio.com

S. 168–173
Wild Thing – Observatorium
Cēsis, Lettland
Bauherr / Architekten / Erbauer:
Riga Technical University International Summer School „Arcadia",
www.rtusummerschool.lv

S. 174–179
Baumtraum in der Bisate Lodge
Volcanoes Nationalpark, Ruanda
Betreiber Resort: Wilderness Safaris,
wilderness-safaris.com
Architekt: Nicholas Plewman Architects
Innenarchitektur: Artichoke

S. 180–183
Baumhaus Nr. 1
Bremen, Deutschland
Architekt / Bauherr:
Andreas Wenning, baumraum,
www.baumraum.de

S. 184–187
Baumhaus in Zaffelare
Lochristi, Belgien
Bauherr: privat
Architekt / Erbauer: Hogerhuis,
www.hogerhuis.be

S. 188–191
Spirit Nests
Big Sur, USA
Bauherren: privat
Designer / Erbauer: Jayson Fann,
www.spiritnestcreations.com

S. 192–197
Black Beauty – schwarze Schönheit
Usedom, Deutschland
Bauherr: privat
Architekt / Erbauer:
Andreas Wenning, baumraum,
www.baumraum.de

S. 198–201
Baumhaus im Lavendelfeld
Arlena di Castro, Italien
Bauherr / Resort: La Piantata agriturismo, www.lapiantata.it
Erbauer: La Cabane perchée,
www.la-cabane-perchee.com

S. 202–207
Cocoon Tree
Ortsunabhängig
Designer: Cocoon Tree,
Berni du Payrat,
www.cocoontree.com

S. 208–213
Hütte auf Stelzen
Dorset, Großbritannien
Bauherr: privat
Architekt / Erbauer:
Nozomi Nakabayashi

S. 214–219
Tiny House im Wald
Ortsunabhängig
Anbieter: Klein House LLC,
www.liveklein.com
Architekt: Bjarke Ingels Group,
www.big.dk

BILDNACHWEIS

Umschlagvorderseite:
Lov 'Nid, siehe S. 10–13. Foto: Coucoo / Cabanes des Grands Chênes
Umschlagrückseite: Yoki House, siehe S. 14–19. Foto: Forest Croft (Smiling Forest Photography)
S. 2 Guy Mallinson

S. 11–13 Coucoo / Cabanes des Grands Chênes
S. 15–19 Forest Croft (Smiling Forest Photography)
S. 21–25 Silky Oaks Lodge
S. 27–31 Bergaliv
S. 33–35 Jonathan Melville-Smith
S. 37–41 Courtesy of Tongabezi Safari Lodge
S. 43–47 Kyungsub Shin
S. 49–53 TVB Stubai Tirol / Andre Schönherr, Löwenzahn, naturidea
S. 55–57 Masayoshi Hichiwa, Satoko Maeda
S. 59–63 Treehouse Lodge Resort
S. 65–67 Tiffany Rose
S. 69–71 Marco Lavit Nicora
S. 73–77 Blue Forest Luxury Tree Houses
S. 79–83 Jacob Hands
S. 85–87 Matthias Marschner, Regina Recht
S. 89–93 Luca Beltrame
S. 95–99 Laura Fiorio
S. 101–103 Blue Forest Luxury Tree Houses
S. 105–109 Faruk Pinjo / Robins Nest
S. 111–115 Guy Mallinson
S. 117–121 Trees & People
S. 123–125 Hozi
S. 127–131 art4d Magazin / Ketsiree Wongwan
S. 133–135 Lukas Mykolaitis
S. 137–141 Koji Fujii / Nacasa & Partners Inc. / RISONARE Atami Resorts
S. 143–147 Amit Geron
S. 149–151 Michael Smallcombe / Tate Harmer Architects
S. 153–157 Tree House Hotel Travellers' Hideout
S. 159–161 Mark Erickson
S. 163–167 Photographix | Sebastian + Ira
S. 169–173 Building Works Unit, Kaspars Kursišs
S. 175–179 Wilderness Safaris
S. 181–183 Alasdair Jardine
S. 185–187 Hogerhuis
S. 189–191 Jayson Fann
S. 193–197 Andreas Wenning / U. Schulz
S. 199–201 La Piantata
S. 203–207 Cocoon Tree, Berni du Payrat
S. 209–213 Henrietta Williams
S. 215–219 Matthew Carbone

DIE AUTORIN

Eva Herrmann ist Architektin (Dipl.-Ing) und freie Journalistin. Nach dem Architekturstudium in Darmstadt und Graz gründete sie 2005 ihr Büro für Architekturkommunikation. Dessen Schwerpunkt liegt mit Veröffentlichungen, Redaktionen, Vorträgen, Workshops und Ausstellungen auf der Vermittlung von Baukultur.
www.evaherrmann.de

IMPRESSUM

in der Verlagsgruppe Random House GmbH
Neumarkter Straße 28, 81673 München

Projektleitung Verlag: Sabine Schmid
Lektorat und Projektmanagement: Antje Korsmeier, München
Gestaltung: Meike Sellier, Eching
Herstellung: Andrea Cobré
Lithografie: Repro Ludwig, Zell am See, Österreich
Druck und Bindung: Print Consult, München

Verlagsgruppe Random House FSC® N001967
Printed in Slovakia

ISBN 978-3-7913-8556-3
www.prestel.de